# LETTRES
## DE
## SIDY-MAHMOUD.

PARIS. — IMPRIMERIE DE FAIN,
RUE RACINE, N°. 4.

# LETTRES
## DE
# SIDY-MAHMOUD,

ÉCRITES

Pendant son séjour en France
EN 1825.

SECONDE ÉDITION.

Paris,
**LADVOCAT, LIBRAIRE**
de S. A. R. Duc de Chartres,
Palais-Royal.
**1825.**

# LETTRES DE SIDY-MAHMOUD.

## LETTRE PREMIÈRE.

SIDY-MAHMOUD
A HASSAN, SON AMI,
A TUNIS.

De Marseille, le 26<sup>e</sup>. jour de Cha'ban, l'an de l'Hégire 1240.

Béni soit le tout-puissant Allah! je touche au terme de mon voyage, et la faveur du prophète semble écarter devant mes pas les obstacles que je redoutais.

Tu sais, sage Hassan, quels tristes pressentimens j'éprouvais en recevant la mission qui m'a conduit ici. Plus d'une fois, en respirant dans mes jardins la brise du soir, nous nous sommes entretenus des dangers et des humiliations qui peut-être m'attendaient. Jamais conjonctures n'avaient paru plus défavorables, jamais l'avenir ne s'était présenté à mes yeux sous des couleurs plus sombres. Il y a long-temps, nous le savons, que les nations chrétiennes trouvent mauvais que nos braves marins règnent en maîtres sur les mers qui baignent nos rivages ; elles osent qualifier de brigandage le droit de propriété que le plus fort et le plus brave acquiert sur celui qui n'a su ni se défendre ni mourir en combattant. Elles voudraient que l'audace renonçât à son légitime salaire, et qu'en vertu de je ne sais quelle chimère appelée par elles *droit des gens*, de vils chrétiens, tombés en notre pouvoir par la force des armes, ou jetés sur nos côtes par la tempête, demeurassent libres à l'égal des enfans du prophète.

Ces folles prétentions ont, depuis nombre d'années, excité contre nous la haine des peuples de l'Europe; mais combien cette haine n'était-elle pas devenue plus vive depuis que nous soutenons le sérénissime sultan dans la lutte sacrée où il s'est engagé pour l'extermination totale de ses esclaves révoltés! Que de récits alarmans n'avions-nous pas entendus sur la part que ces chrétiens d'Occident prennent aux revers et aux succès de ceux qu'ils appellent leurs frères d'Orient! Nous en fallait-il d'ailleurs d'autre preuve que l'arrivée de ces aventuriers, qui, de toutes les parties de l'Europe, accouraient sous les drapeaux des rebelles; et ne savions-nous pas que ces auxiliaires eussent encore été bien plus nombreux s'ils n'avaient trouvé des obstacles dans la sage politique de quelques visirs chrétiens à qui Allah a daigné souffler de grandes et généreuses pensées pour le salut du croissant?

Parmi les nations que des sentimens fraternels unissent aux Grecs, nous entendions surtout citer la nation française. On nous disait que de nombreux guerriers étaient sortis de ses ports pour aller toucher les rivages de la Grèce, que des secours d'armes et d'argent avaient été envoyés par ses habitans aux chrétiens rebelles. Bien plus, nous apprenions que le zèle religieux si long-temps assoupi chez cette nation, se réveillait avec une force nouvelle; que la foi catholique, un moment proscrite et long-temps dédaignée, reprenait tout son empire; qu'un ordre religieux qui, dans d'autres temps, envoyait ses émissaires jusque dans l'Asie pour convertir les vrais croyans à la foi chrétienne, couvrait la France de ses établissemens; enfin, que, comme au temps de leur plus grand pouvoir, les prêtres du Christ avaient réclamé et obtenu le droit de livrer au bourreau ceux qui insultent leurs mystères. Que pouvais-je attendre de ma présence au milieu de ces chrétiens fanatiques, de ces amis enthousiastes des Grecs, moi musulman fidèle, moi ennemi des Grecs et allié de leurs ennemis?

Ces tristes pensées m'ont longtemps occupé avant mon départ; mais, en vrai musulman, je n'ai su qu'obéir à la parole du maître. En te quittant, cher Hassan, de funestes pressentimens m'agitaient, et j'ai lu sur ton front soucieux que ton amitié les partageait.

Le voyage n'a point dissipé cette sombre inquiétude ; le ciel même semblait conspirer à l'accroitre. La tempête a assailli mon navire, et j'ai vu périr, dans les flots, une partie de ces animaux terribles sur lesquels je comptais pour obtenir un accueil favorable; car, tu le sais, ces chrétiens ne sont point insensibles aux présens; et, quand le don leur plait, peu leur importe la main dont ils le tiennent, et la manière dont il est acquis.

En approchant des côtes de France, ma tristesse redoubla quand on me dit que je devais débarquer à Marseille. N'avions-nous pas appris que cette ville se distinguait entre toutes par son ardeur religieuse, que quelques prédicateurs véhémens s'étaient naguère promenés triomphalement au milieu de sa population enivrée, et que c'est de son port qu'étaient partis tant de guerriers chrétiens qui combattent en ce moment les enfans du prophète? La fatalité semblait me poursuivre en décidant que mes premiers pas sur le sol chrétien me conduiraient dans cette ville funeste.

Quand je fus près du rivage, j'aperçus, avec une sorte d'effroi, la foule rassemblée pour me voir débarquer. Heureusement on me conduisit à un établissement assez éloigné, appelé *lazareth*, où ces chrétiens font séjourner les voyageurs dans la crainte de la peste; comme si ceux à qui le ciel a résolu d'envoyer ses fléaux pouvaient les éviter par de vaines précautions! comme si ces précautions n'étaient pas complètement inutiles pour ceux qu'Allah regarde sans colère!

Entré dans le lazareth, je me félicitais d'échapper aux regards, peut-être aux insultes de ce peuple en qui je croyais trouver des sentimens hostiles. Je me trompais, cher Hassan, et le lendemain mon erreur fut dissipée. A peine étais-je reposé des fatigues du voyage, qu'on m'avertit qu'une députation des principaux de la

ville allait se rendre près de moi.
Je l'attendis avec quelque trouble, pensant que peut-être elle venait m'enjoindre de remonter sur mon navire. Je vis bientôt s'approcher une douzaine d'individus qui la composaient. J'étais peu habitué au costume européen, et je ne pouvais regarder sans surprise ces habits étroits et mesquins sous lesquels l'homme n'a plus ni grâce, ni dignité. Quelques-uns d'entre eux avaient les cheveux arrangés d'une manière bizarre et couverts d'une poudre blanche. Leur cou, emprisonné dans un collier de toile, achevait d'ôter toute noblesse à leur phy-

sionomie. Néanmoins, à la manière dont ils relevaient leurs têtes, je m'aperçus qu'ils croyaient présenter un spectacle très-majestueux. Je réprimai un sourire involontaire qui errait sur mes lèvres; et, m'étant mis sur mon séant, j'attendis avec calme ce qu'ils allaient me dire. Après m'avoir salué d'une manière assez humble, celui qui était à leur tête tira de sa poche un morceau de papier, et lut un discours qu'Abdul, mon interprète, me transmettait phrase par phrase. Contre mon attente, le langage de ces hommes n'avait rien d'âpre ni de fier. Ils me dirent que *le* prince qui m'envoyait avait toujours été l'ami fidèle de la France. Jamais, ajoutèrent-ils, elle n'a plus apprécié son attachement pour elle, que lorsqu'il vient prendre part à sa joie dans l'heureux avénement d'un souverain qu'elle chérit. Ils finirent en m'assurant qu'ils s'estimaient heureux de remplir la volonté du Roi, en rendant ce qui était dû à l'honorable mission pour laquelle mon excellence avait été dignement choisie, et au prince qui me l'avait confiée. Que ces paroles résonnaient agréablement à mon oreille ! Comme elles dissipaient toutes ces vaines alarmes qu'une prévoyance exagérée nous avait fait concevoir ! Les magistrats d'un pays redevenu le plus catholique de l'Europe, se félicitaient de rendre ce qui est dû à l'envoyé d'un prince musulman de quatrième classe! Ils m'assuraient qu'un monarque puissant, qui compte parmi ses titres celui de fils aîné de l'Église, s'applaudissait d'avoir pour ami fidèle le Bey de Tunis! Ma joie était si vive, que je faillis la laisser éclater par des paroles de gratitude et des démonstrations affectueuses; mais je me rappelai promptement ce que je devais à ma dignité, et je me contentai de leur faire savoir en peu de mots que j'étais satisfait des sentimens qu'ils m'exprimaient.

Depuis ce temps, cher Hassan, mes jours ont été marqués par une suite non interrompue d'hommages, de divertissemens et de fêtes. A peine sorti du lazareth, les principaux marchands, réunis en corps, m'ont invité à un banquet qu'ils donnaient pour célébrer mon arrivée dans leurs murs. Quoique flatté de leur empressement, je crus devoir y répondre avec réserve ; dès l'instant que je trouvais dans ces chrétiens des prévenances auxquelles j'étais si loin de m'attendre, il convenait peut-être de ne point leur laisser oublier la distance qui les sépare d'un musulman. Le jour fixé pour le banquet était un de ceux que notre sainte loi nous ordonne de marquer par l'abstinence. Je leur déclarai que je ne pouvais prendre part à leur banquet, attendu que ma religion me prescrivait de ne m'y asseoir qu'une heure après le coucher du soleil. C'est ici, cher Hassan, que tu vas voir combien le nom musulman inspire encore de respect à ces sectateurs du Christ. Loin d'être rebutés par ma réponse, ils me déclarèrent que le banquet ne commencerait qu'au moment où il me conviendrait d'y prendre place ; et, en effet, les convives ne s'assirent à la table du festin qu'une heure après que le soleil eut disparu de l'horizon. Je l'avouerai, je fus si sensible à cet acte de soumission, j'éprouvai une satisfaction si vive d'avoir fait jeûner des chrétiens en vertu de la loi de Mahomet, que je me relâchai de ma réserve accoutumée; je voulus bien me mêler à la joie du festin, et je vis que ces chrétiens se trouvaient convenablement honorés de la familiarité que je leur permettais.

Il y a dans l'accueil que je reçois ici une chose qui me paraît difficile à expliquer. Ceux qui se montrent les plus empressés près de moi sont des catholiques zélés qui passent une partie de leurs journées dans les églises. Comme tels, ils doivent détester, et je crois qu'ils détestent en effet, la loi de Mahomet ; d'où vient donc leur empressement à mon égard? J'ai cru m'apercevoir que des signes d'admiration, et je dirai presque d'envie, leur échappent chaque fois qu'il est question du gouvernement du sérénissime sultan ou de celui du Bey, notre magnanime seigneur.

Malgré leur zèle pour la religion du Christ, ils semblent désirer que cette forme de gouverment continue de régir l'Orient, dussent les Grecs être exterminés. Je croyais ces chrétiens trop entichés de préjugés pour savoir si bien apprécier l'excellence des gouvernemens fondés sur le Koran.

Il paraît ici tous les matins un papier imprimé, appelé *journal*, dans lequel les délégués du prince font mettre tout ce qui leur plaît. Ce journal a déjà publié de longs éloges sur la beauté de ma physionomie, sur la noblesse de mes manières, sur l'illustration de ma famille, et sur la magnificence des présens que j'apporte. L'institution de ces journaux me paraît une chose admirable.

Tu me demanderas sans doute ce que l'on dit des Grecs : je t'assure que les hommes que je vois ici habituellement ne s'en occupent guère. Je me promenais, il y a quelques jours, sur le port, environné de gens qui s'empressaient de me donner des explications sur tous les objets qui frappaient mes regards. Nous étions suivis d'une foule de peuple qui me regardait avec cette curiosité stupide qui paraît être le caractère distinctif des peuples chrétiens. J'aperçus tout à coup quatre individus qui regardaient fixement la mer comme des gens impatiens de la franchir. Un vêtement noir et court serrait leur taille ; leur tête était couverte d'un petit bonnet de même couleur ; de longs cheveux blonds tombaient sur leurs épaules; tout annonçait qu'ils étaient dans la première jeunesse ; mais on lisait sur leur visage pâle et maigre que déjà ils étaient familiarisés avec la fatigue et les privations. Quand je fus plus près d'eux, leurs yeux se fixèrent sur moi avec un mélange d'audace et de dédain auquel je n'étais point accoutumé. Leurs regards devinrent plus dédaigneux encore lorsqu'ils s'abaissèrent sur les individus qui m'entouraient. Je demandai quels étaient ces jeunes gens ; on m'apprit que c'étaient des habitans du Nord qui venaient de faire quatre ou cinq cents lieues à pied, de surmonter des obstacles et des privations de tout genre, tout exprès pour s'embarquer à Marseille et aller combattre sous les drapeaux des Grecs. Cette explication justifia le sentiment d'éloignement qu'ils m'avaient inspiré. On se hâta cependant de m'apprendre que ces aventuriers n'avaient trouvé de secours qu'auprès de quelques particuliers obscurs, mais qu'ils n'avaient pas reçu le moindre témoignage d'intérêt de ceux qui viennent de m'offrir des fêtes et des banquets splendides.

Cher Hassan, il y a vraiment du bon chez les gens de ce pays; et c'est à regret que je les quitte pour me rendre dans la grande cité où m'appelle la mission que j'ai reçue de mon maître.

## LETTRE II.

### SIDY-MAHMOUD

### A HASSAN.

De Lyon, le 8ᵉ. jour de Ramadhan.

Mon voyage est béni du ciel, cher Hassan; sa bonté se manifeste à chaque pas que je fais dans ce pays : il me réservait ici le plus grand plaisir que puisse éprouver un musulman jeté au milieu des infidèles.

Je suis arrivé de Marseille ici en peu d'heures, grâce à l'usage établi dans ce pays de tenir des chevaux préparés de distance en distance pour les voyageurs. Ces chevaux sont loin d'avoir la grâce et la légèreté de nos coursiers habitués à traverser le désert ; mais, au moyen des relais qu'ils établissent sur les routes, ces chrétiens suppléent à ce que leur a refusé la nature si libérale envers nos climats.

Je suis descendu dans un des hôtels de cette ville. Ces hôtels sont des espèces de caravanserais beaucoup mieux pourvus et beaucoup plus commodes, il faut en convenir, que ceux de notre pays. A peine étais-je descendu de voiture, qu'on m'apprit qu'un illustre personnage venait d'arriver presque en même temps que moi.

Tu as entendu parler de ce puissant ministre qui, placé à la tête de la monarchie autrichienne, a soumis à sa volonté absolue tout le nord de l'Europe, a appesanti sa main sur la riche Italie, et étendu son influence jusque sur la France et l'Espagne. Je n'ai pas besoin de te rappeler son nom, la reconnaissance l'a gravé dans le cœur de tous les musulmans. C'est cet habile régulateur de la sainte-alliance, ce ministre religieux d'un prince apostolique, qui, depuis quatre ans, conjure l'orage prêt à fondre sur la Turquie. Grâce à lui, le czar de Russie a résisté à l'impulsion de ses peuples, et tenu enchaîné, sur les bords du Pruth, le bras de ses guerriers impatiens; grâce à lui, les Grecs ont vainement imploré les secours de l'Europe, tandis que les Turcs en ont reçu une assistance non déguisée ; grâce à lui, nous n'avons jamais manqué de bâtimens chrétiens pour transporter nos troupes et ravitailler nos places ; grâce à lui, la marine grecque a essuyé mille avanies de la part des frégates autrichiennes ; grâce à lui, les députés du peuple grec, après avoir été confinés pendant plusieurs semaines dans un port d'Italie, n'ont pu obtenir d'être entendus par le congrès de Vérone, qu'il a si glorieusement présidé ; grâce à lui, le rebelle Ipsilanty a trouvé des fers en mettant le pied sur le territoire autrichien. Que te dirai-je, enfin ? quel musulman n'a entendu parler de ce journal turc rédigé par des chrétiens, qui a si bien mérité de l'islamisme, et nous a tant de fois consolés dans nos disgrâces ; de ce noble et courageux *Observateur autrichien*, qui a justifié les massacres de Chio et d'Ipsara, contre lesquels l'Europe osait jeter des cris de fureur, qui a transformé nos revers en prospérités et nos déroutes en triomphes ! Eh bien, c'est encore ce grand homme d'état qui soutient, anime, encourage un journal si cher aux vrais croyans; dis-moi, un tel ministre n'a-t-il pas plus fait pour le salut du croissant que n'ont fait pour sa gloire tous les visirs ensemble, sans en excepter le grand Coprougli ? Ne méritait-il pas de naître sous l'empire de notre sainte loi ? Mais non, c'est un de ces instrumens dont Allah se sert pour exécuter les décrets souvent inexplicables de sa volonté. Il avait décidé que son peuple serait sauvé par un chrétien ; ce grand homme est né, et les destinées se sont accomplies. Sa politique généreuse a établi un lien de fraternité entre lui et les musulmans ; et, tout chrétien qu'il est, Mahomet lui doit une place dans son paradis.

Eh bien, cher Hassan, ce puissant ministre, ce généreux protecteur, j'ai logé sous le même toit que lui, j'ai contemplé long-temps ses traits vénérés. Que de sentimens sa présence a fait naître dans mon âme ! Ce n'est pas qu'il y ait dans son aspect rien qui l'élève au-dessus des autres hommes ; mais je songeais à tout ce qu'il a fait, et mes yeux se mouillaient de larmes, et je me sentais prêt à me jeter à ses pieds, à baiser la trace de ses pas. Hélas ! cher Hassan, qui sait sans lui ce que le sort aurait ordonné des musulmans ; qui sait si, au lieu de traverser un pays chrétien au milieu des fêtes, moi et les miens, et jusqu'à notre maître lui-même, nous ne serions pas réduits à cacher dans le désert nos têtes proscrites ?

Le ciel, qui m'avait accordé le bonheur de jouir de sa vue, n'a pas voulu que ce bonheur durât long-temps. Il ne passa que peu d'heures à Lyon; mon cœur, que tant de joie avait dilaté, se serra en voyant sa voiture rapide l'emporter loin de moi. Tant qu'il fût resté dans cette ville, il m'aurait été impossible de m'en éloigner; un charme irrésistible m'aurait retenu près de lui.

Comme il voyageait sans mission de son maître, d'après un usage établi chez ces chrétiens, on ne lui rendait point d'honneurs, tandis que j'étais l'objet des hommages des magistrats de la ville. Quelque flatteur que fût ce contraste pour la dignité musulmane, j'aurais, je te le jure, volontiers reporté sur sa tête les honneurs que l'on me prodiguait.

Cette rencontre fortunée a tellement occupé toutes mes pensées, que j'ai fait peu d'attention à la cité commerçante d'où je t'écris. J'ai remarqué cependant qu'on m'y témoignait moins de respect et d'empressement qu'à Marseille. Cette ville est peuplée principalement de fabricans de ces beaux tissus de soie dont nos femmes aiment tant à se parer. Ces gens-là paraissent avoir un esprit d'indépendance qui doit les rendre favorables à la cause de nos ennemis. Je crois, cher Hassan, que c'est une classe nuisible et dangereuse dans un état : on m'assure que des hommes éminens partagent mon opinion sur ce point; je leur en sais bon gré.

# LETTRE III.

SIDY-MAHMOUD

A HASSAN.

De Paris, le 17ᵉ. jour de Ramadhan.

Me voici enfin au terme de mon voyage, cher Hassan ; me voici dans cette grande cité où tout me promet des jours plus remplis encore de plaisirs et d'honneurs que ceux que j'ai passés depuis mon arrivée en France.

Des courriers avaient long-temps à l'avance annoncé mon arrivée ; le gouvernement français m'attendait, et n'avait négligé aucun préparatif pour me recevoir d'une manière digne du souverain que je représente.

Peu de temps après mon arrivée, je fus informé officiellement que le reis-effendy, qui, dans ce pays, porte le nom de ministre des affaires étrangères, était prêt à me recevoir en audience solennelle. Je lui fis savoir que je m'y rendrais le lendemain.

En approchant de son palais, je

vis, par le nombre de voitures qui encombraient les avenues, que ma présence excitait la curiosité, et qu'une réunion nombreuse m'attendait. L'agitation et une sorte de tumulte régnaient dans l'intérieur du palais ; on voyait des gens affairés courir de tous côtés ; il n'y avait pas jusqu'aux valets qui n'eussent l'air tout troublés de voir un Turc. J'aperçus que de nombreux signaux annonçaient mon arrivée. Je fus immédiatement conduit vers la salle où le ministre m'attendait. En approchant de la porte, j'entendis du mouvement et un bruit sourd, comme de gens qui prennent leurs places en toute hâte, et qui se donnent entre eux un dernier avertissement. Quand je fus introduit, tout le monde était à son poste, tout le monde avait pris une attitude aussi digne et aussi imposante que possible. L'assemblée se composait d'un grand nombre de personnages couverts d'habits richement brodés. Ils se regardaient avec complaisance dans les glaces, et cherchaient à lire dans mes yeux l'effet que tant de magnificence produisait sur moi. Ces gens-là ne savent pas, cher Hassan, que ce faste n'a rien de nouveau pour nous, et qu'un de nos corsaires, dans une course heureuse, nous rapporte souvent des richesses supérieures à toutes celles qu'on étalait devant moi.

Au centre du demi-cercle que formaient ces personnages, se trouvait le ministre. Je ne sais pourquoi, seul de l'assemblée, il était demeuré assis et coiffé. Ah! cher Hassan, quelle coiffure! Si du moins elle ressemblait à notre majestueux turban! Mais jamais on n'a pu rien imaginer de plus drôle que ce bonnet noir à trois faces. Je crois cependant que c'était pour se montrer à mes yeux d'une manière plus imposante qu'il demeurait assis et la tête couverte de ce bizarre bonnet.

Ces chrétiens me paraissent assez divertissans lorsqu'ils veulent se donner de la dignité.

J'eus soin cependant que le calme de mon visage ne se démentît pas, et je ne parus pas plus égayé en ce moment que je n'avais paru étonné l'instant d'avant en entrant dans la salle. Les complimens furent courts ; je fus assez satisfait de celui qu'il m'adressa.

Quand les complimens eurent été échangés et le cérémonial accompli, on ne tarda pas à laisser entrer dans la salle un grand nombre de femmes magnifiquement parées. Leurs têtes couvertes de fleurs formaient comme un parterre mouvant. Leurs corps étaient étroitement serrés dans des machines faites exprès, ce qui nuisait beaucoup à la grâce et à la liberté de leurs mouvemens ; cependant j'en remarquai parmi elles qui avaient de la beauté. Elles me regardaient avec une curiosité avide, et paraissaient surtout ambitionner d'attirer mes regards. Quand mes yeux s'arrêtaient sur l'une d'elles, elle en ressentait un mouvement de satisfaction très-visible, et regardait les autres avec un air de triomphe. Cette remarque aurait dû me flatter ; mais, te le dirai-je? ces regards si opiniâtrement scrutateurs me causaient une sorte de déplaisir et d'embarras. Quel contraste ils m'offraient avec les regards craintifs et supplians de ces deux petites Grecques, que j'achetai cent sequins à un de nos corsaires revenant du massacre de Chio ! Nos braves avaient exterminé toute leur famille ; et, en passant entre mes mains, elles se croyaient vouées à la vengeance d'un maître irrité. Qu'il me fut doux de dissiper leurs alarmes ! Depuis ce temps elles forment, avec cette belle femme d'Ipsara que je me suis procurée lors de la destruction de cette île coupable, le plus précieux ornement de mon harem. Non, cher Hassan, ces femmes chrétiennes, qui regardent un musulman sans en paraître le moins du monde effrayées, sont bien loin de valoir à mes yeux les esclaves tremblantes que chaque invasion d'une ville grecque amène en abondance sur nos marchés.

Jusque-là j'étais demeuré à une certaine distance de la brillante assemblée dont les yeux étaient fixés sur moi; mais tout le monde paraissait avoir envie de me regarder de plus près, et bientôt hommes et femmes se pressèrent en foule autour de moi. Ne trouves-tu pas étrange qu'une nation, dont la partie active a parcouru toute l'Europe et une portion du globe, qui dans un temps plus récent a vu les armées des Quatre-Vents fondre sur son territoire, témoigne encore cette curiosité niaise et enfantine à l'aspect d'un étranger? Cet empressement me donne une pauvre idée de son caractère.

Au milieu du bruit confus que faisaient tant de personnes parlant toutes à la fois, Abdul, mon interprète, a entendu sortir de la bouche de quelques dames, des paroles flatteuses sur les traits de mon visage. Mais, le croirais-tu? mon gros ventre paraissait produire sur elles une impression moins favorable, tant on est loin, dans ce pays, d'avoir des idées saines sur la beauté !

Ma position commençait à me paraître fort ennuyeuse, lorsque heureusement on m'a fait passer dans une salle où était préparé un banquet. A peine fus-je à table, que la curiosité dont j'étais l'objet parut redoubler. On se parlait tout bas, on portait les yeux sur mon verre, sur un flacon de cristal rempli de vin que tenait un valet placé derrière moi, et on semblait attendre, avec un vif intérêt, ce que j'allais faire. On m'avait déjà dit que ces chrétiens tenaient beaucoup plus à l'observation de quelques pratiques mesquines, qu'à l'accomplissement des grands devoirs que leur prescrit leur religion. Ce que je voyais en ce moment me confirma dans cette opinion; toute l'agitation que je remarquais était causée par le désir de savoir si je boirais ou si je ne boirais pas de vin. Je ne voulus ni choquer des gens si attentifs aux petites choses, ni paraître attacher à ces choses plus d'importance qu'elles n'en méritent. Je fis annoncer par Abdul que mon médecin m'ordonnait l'usage du vin pour ma santé ; et prenant une coupe remplie d'un nectar pétillant, je la vidai tout d'un trait. Mais fidèle à notre sainte loi, alors même que je transgressais un de ses moindres préceptes, j'adressais des vœux au ciel pour le succès de nos armes ; je lui demandais que le sang des Grecs coulât sous le cimeterre de nos guerriers comme coulait sous mes lèvres ce vin qui m'était offert par des chrétiens. Tous les spectateurs parurent enchantés quand ils virent ma coupe vide ; il semblait qu'ils eussent remporté une victoire parce que je venais de boire un verre de vin. Je suis bien sûr que parmi ces chrétiens qui buvaient en même temps que moi, il n'y en a pas un seul qui ait songé à faire des vœux pour les Grecs.

Le lendemain les journaux n'ont pas manqué de rapporter les détails de cette réception, et ils ont raconté, avec un ton de triomphe, que j'avais bu du vin de Champagne. Je te le demande, cher Hassan, s'occupe-t-on jamais à Tunis de ce que boit ou de ce que mange un envoyé chrétien? en vérité, c'est ici le pays des petitesses.

Je ne saurais te dire combien j'ai reçu d'invitations; chacun veut m'attirer chez lui. Le préfet (c'est ainsi qu'on appelle le premier magistrat de la ville), m'a supplié d'honorer de ma présence le palais qu'il habite, et j'ai bien voulu le lui promettre. A peine avait-il obtenu mon consentement, que toutes les dames se sont précipitées vers lui pour solliciter la faveur d'être admises à la réception qu'il doit me faire. Vraiment je sais gré à ces chrétiens de l'empressement qu'ils me montrent. On m'a raconté que des envoyés des Grecs sont venus à Paris à plusieurs reprises, et qu'ils n'ont trouvé accès chez aucun personnage en crédit. Au contraire, mon turban semble produire ici un effet magique. J'ai entendu quelques-uns de ces chrétiens comparer la mission que je viens remplir au nom du bey de Tunis, à l'ambassade que le commandeur des croyans Aaroun-al-Raschid envoya à un de leurs rois, nommé Charlemagne. Je souscris volontiers à ce rapprochement, qui n'a rien que de fort obligeant pour moi et pour mon maître; il paraît d'ailleurs flatter beaucoup leur vanité; et, en flattant la vanité de ces gens-ci, on devient pour eux un objet d'enthousiasme et de prédilection.

*P. S.* On parle beaucoup ici

de la descente du brave Ibrahim Pacha près de Modon. Des chrétiens très-recommandables, que je vois souvent, se flattent qu'il aura bientôt conquis toute la Morée. Il y aura là de beaux coups à faire pour les nôtres, et nos marchés offriront alors un magnifique choix d'esclaves des deux sexes. Pense à moi, cher Hassan, s'il se présente quelque bonne affaire. Il y aura nécessairement de jolies filles à bon marché, j'en retiens quelques-unes. Il me faudrait aussi quelques esclaves mâles vigoureux. Ce vieux prêtre grec qui arrose mon jardin, ne peut guère tirer que cinquante seaux d'eau par jour, malgré les coups de nerf de bœuf qu'on lui donne; il me faut quelque chose de mieux. Je me repose sur ton amitié; quelque agréable que soit ma mission, je regretterais qu'elle me fît manquer l'occasion qui se prépare.

# LETTRE IV.

## SIDY-MAHMOUD

## A HASSAN.

De Paris, le 22ᶜ. jour de Ramadhan.

Je t'ai dit, cher Hassan, que j'avais promis au premier magistrat de la ville d'aller le voir dans son palais. Je n'y ai point manqué. Je savais qu'on avait fait de grands préparatifs pour m'y recevoir, et je commence à m'amuser beaucoup des efforts que font ces chrétiens pour attirer mon attention ou pour obtenir de moi un signe de satisfaction.

Le palais où réside le préfet est un édifice vieux, lourd et noir, bien éloigné des gracieuses et légères proportions que l'on donne chez nous aux habitations opulentes. A peine avais-je franchi la porte, que je fus fort surpris de voir la cour et le jardin envahis par des constructions auxquelles travaillaient des milliers d'ouvriers. Lorsque j'arrivai au premier étage, je vis également que les appartemens étaient remplis d'ouvriers travaillant avec ardeur. Il semblait qu'on voulût non-seulement remettre à neuf l'intérieur de l'ancien bâtiment, mais encore l'agrandir du double de ce qu'il était. Je demandai à l'officier qui était venu me recevoir ce que signifiaient ces préparatifs. Il me répondit que c'était pour les fêtes qui auraient lieu bientôt. — Votre usage est donc, lui dis-je, d'élever un monument chaque fois qu'il y a une fête; je ne m'étonne plus qu'on voie tant de monumens chez vous. Mais cet usage doit rendre vos fêtes très-dispendieuses. — La dépense n'y fait rien, répondit-il, notre ministre des finances, qui est la sagesse en personne, a pour principe que plus on dépense, que plus on fait de dettes, et plus on s'enrichit. Aussi nous n'y regardons pas, et nous faisons tout ce qu'il faut pour parvenir au comble de la richesse. (J'ai bien réfléchi sur ces paroles, cher Hassan, et je ne suis pas encore parvenu à en comprendre le sens.) Au reste, ajouta-t-il, ceci n'est point un monument; ce sont des constructions qu'on achèvera en trois mois de travaux, qui serviront pendant sept ou huit heures pour danser, et qu'on détruira ensuite, moyennant de nouveaux travaux qui dureront un mois environ. — Quel est donc, m'écriai-je, le sultan comblé de trésors, le corsaire toujours heureux dans ses courses, qui peut payer si cher une jouissance de quelques heures? — Il n'y a dans tout cela ni sultan, ni corsaire, me répondit-il, ce sont les habitans de Paris qui donnent cette fête.

Cette réponse me fit réfléchir; j'examinai les constructions que j'avais sous les yeux; elles m'avaient paru immenses d'abord: maintenant elles me paraissaient mesquines. Il était évidemment impossible que les habitans de la ville fussent contenus dans un si petit espace. Je communiquai cette réflexion à mon guide. — Oh ! me dit-il, Paris renferme sept à huit cent mille habitans, et on n'en admettra ici que quatre à cinq mille. — Ils seront donc, repris-je, choisis par les autres, et pris dans toutes les classes pour représenter la généralité des habitans. — Point, point, me répondit-il, c'est M. le préfet qui les choisira : car c'est lui qui a décidé que la fête aurait lieu au nom des habitans ; c'est lui qui en fera les honneurs, et c'est lui qui désignera les invités parmi les gens de la cour, les gens en place et les habitans les plus riches. — Fort bien, lui dis-je, je comprends maintenant ; c'est alors M. le préfet, ce sont les gens de la cour, les gens en place et les gens riches qui paieront la fête. Mon homme fit alors un grand éclat de rire dont je ne fus pas médiocrement choqué ; je lui jetai un regard sévère pour le rappeler au respect qu'il me devait; il cessa de rire à l'instant même, et me dit d'un ton un peu confus : Je vois bien que votre excellence ignore les secrets admirables de l'administration européenne ; les gens de cour et les gens en place ne paient rien, ou du moins fort peu de chose ; c'est au contraire eux qui sont payés. Celui qui paie pour les jouissances des autres, c'est le peuple ; et il y aurait une épouvantable anarchie s'il en était autrement. Ainsi donc, M. le préfet donne une fête, il la donne au nom des habitans de Paris, ce qui est juste, puisque c'est eux qui en paient les frais; mais ils n'y prennent point part, ce qui est juste encore, puisque des fonctionnaires publics largement rétribués y prennent part pour eux. Les frais énormes de cette fête sont payés au moyen des sommes que l'on prélève sur les objets de consommation qui se trouvent ainsi doublés de prix ; cette augmentation est peu sensible pour les riches, mais elle retombe de tout son poids sur la classe pauvre, pour qui elle est une source de misère et de privations. C'est donc en définitif la classe pauvre, ou ce que nous appelons le peuple, qui paie les frais de la fête; il n'y assistera pas, mais il pourra de loin regarder l'illumination extérieure, pourvu qu'il ne s'approche pas trop des gendarmes : c'est bien assez pour lui.

J'eus envie de rire à mon tour, et je ne pus contenir la gaieté que m'inspirait ce discours : Quoi !

m'écriai-je, ceux qui paient tout n'ont part à rien ! Du moins chez nous les corsaires...... Au moment où mon interprète commençait à répéter mes paroles en français, j'entendis derrière moi une voix aigre prononcer quelques mots dont je ne compris pas le sens. En me retournant, je vis qu'ils sortaient de la bouche d'un individu couvert de la tête aux pieds d'un vêtement noir qui lui serrait la taille. Il m'avait jusque-là regardé d'une manière pleine de bienveillance, mais je vis alors sur son visage les traces du mécontentement et de la colère. Mon interprête mexpliqua ses paroles, qui étaient ainsi conçues : *Est-ce qu'il y a aussi à Tunis des économistes et des philosophes ?* Je ne sais pas ce que c'est que des économistes et des philosophes ; mais je jugeai que c'était quelque chose de mauvais, et qu'il pouvait m'être défavorable d'être assimilé à cette classe de gens. On m'avait dit d'ailleurs que cet homme et beaucoup d'autres de sa robe étaient bien disposés pour moi. Je ne voulus pas les choquer, et je mis fin à la conversation.

Je m'en dédommageai par mes réflexions. Ces chrétiens prétendent que l'esprit de leur religion est de protéger le pauvre contre le riche, le faible contre le fort. Ils prétendent que leurs lois sont faites dans l'intérêt du grand nombre. Que t'en semble, sage Hassan?

# LETTRE V.

## SIDY-MAHMOUD

## A HASSAN.

De Paris, le 23ᵉ. jour de Ramadh

Il me reste à te raconter, cher Hassan, comment s'est passée la visite que j'ai faite au préfet dans son palais.

En quittant les appartemens où

j'eus la conversation que je t'ai rapportée dans ma lettre précédente, je fus introduit dans une vaste salle où m'attendait une réunion non moins brillante que celle que j'avais trouvée chez le ministre. Parmi les femmes qui y étaient en grand nombre, j'en reconnus beaucoup de celles que j'avais déjà vues. Je m'étais informé de la manière d'être de ces femmes qui montraient tant d'empressement à me voir. Ce sont, m'a-t-on répondu, des femmes pleines de religion, allant fréquemment à l'église, ayant un directeur, faisant faire abstinence à leurs laquais, suivant les processions, et affiliées à ces associations mystiques que l'on appelle congrégations. Eh bien, cher Hassan, elles n'en montrent pas moins pour moi la plus aimable bienveillance. Il y a, soit dans les lois qui nous régissent, soit dans notre costume, soit dans nos manières, soit dans la faculté qui nous est accordée par notre religion d'avoir plusieurs femmes (je remarque qu'elles s'informent toujours avec beaucoup d'intérêt du nombre de celles que je possède); il y a, dis-je, en nous quelque chose qui paraît les enchanter. Tu serais frappé toi-même de la sympathie que ces dévotes du grand ton montrent pour les musulmans ; il ne leur manque que l'air soumis et craintif de nos esclaves.

Le magistrat qui me recevait chez lui m'accueillit avec un extrême empressement. C'est un homme d'une figure agréable et de manières très-gracieuses. Il me fit beaucoup d'excuses sur ce qu'on m'avait fait passer dans des salles en désordre occupées par des ouvriers. J'accueillis ces excuses avec bonté, et la conversation continua sur le ton le plus amical. Cependant je vis tout à coup que ses traits prenaient une expression plus grave, il parut se recueillir et méditer quelque grande pensée. Ce recueillement fut comme un signal auquel l'assemblée s'attendait; toutes les conversations particulières cessèrent et l'on se rapprocha de lui avec toutes les démonstrations d'une vive curiosité. Moi-même étonné de cette espèce d'appareil, je partageai la curiosité générale, et je me disposai à écouter attentivement les paroles qui allaient m'être adressées.

Le magistrat se mit à parler d'un ton plus grave et plus solennel qu'auparavant. Mon oreille, déjà accoutumée à la langue de ce pays, m'avertit bientôt qu'il ne parlait pas français ; mais je ne pouvais deviner à quel pays appartenait le langage dur et inharmonieux que j'entendais ; je pouvais encore bien moins en comprendre un seul mot. Au moment où je jetais les yeux sur mon interprète pour qu'il me transmît le sens de ce discours, quel ne fut pas mon trouble en voyant Abdul me regarder d'un air confus, et m'annoncer par un geste expressif qu'il ne comprenait pas plus que moi. Juge de mon embarras et de mon chagrin ! Connaissant le caractère vaniteux de ces chrétiens, combien ne m'était-il pas pénible de déclarer à celui-ci que je n'entendais pas un mot d'un discours auquel il paraissait attacher tant de prix! La sagacité d'Abdul me tira d'affaire. A force de prêter l'oreille, il entendit un des spectateurs dire à demi-voix à son voisin, avec un geste admiratif : « Il parle arabe! il » parle arabe! » Ces mots, qu'Abdul me transmit aussitôt, furent pour moi un trait de lumière. Je repris toute ma sérénité; j'écoutai mon interlocuteur très-attentivement et avec l'apparence d'un grand intérêt. Lorsqu'il eut fini, je lui adressai, sans intermédiaire, ma réponse dans le dialecte particulier à ces tribus de l'Atlas, parmi lesquelles j'ai passé une partie de mon enfance. Il faut lui rendre justice, sa présence d'esprit fut égale à la mienne; il m'écouta avec un grand sérieux, et ensuite il se hâta, sans être aucunement déconcerté, d'expliquer aux spectateurs ce que, disait-il, je venais de lui répondre. Il s'éleva alors un cri d'admiration dans l'assemblée : tout le monde s'empressait de complimenter mon hôte sur son vaste savoir. Il recevait ces complimens avec une apparente modestie; mais je voyais son œil rayonner de plaisir. Je te l'ai déjà dit, cher Hassan, c'est ici le pays des petites vanités.

Le lendemain les journaux n'ont

pas manqué de dire qu'on m'avait parlé arabe, et que j'avais fait une réponse très-intéressante. Croirais-tu, cher Hassan, qu'au moment où mon hôte s'imaginait me parler arabe, il avait l'intention de m'interroger sur certaines ruines d'une ville antique qui se trouvent aux environs de Tunis? Conçois-tu une pareille idée? Que nous importe à nous ce qu'ont été ces ruines et ce qu'elles sont aujourd'hui? Nous ne nous en sommes jamais occupés que pour savoir si la tempête avait jeté sur la côte qui les avoisine quelque navire à piller ou quelques chrétiens à faire esclaves.

On m'a offert de me conduire

dans tous les établissemens publics que renferme cette grande capitale ; j'ai accepté, car ces visites me divertissent. Ces chrétiens sont si contens d'eux-mêmes et de tout ce qu'ils font, qu'à chaque chose qu'ils me montrent, ils ont l'air de croire que je vais rester muet de surprise ou jeter des cris d'admiration. Mais je ne leur procure pas ce plaisir ; je regarde tout d'un air distrait et indifférent. Tu ne saurais croire combien cette impassibilité les déconcerte : leurs figures allongées m'amusent alors beaucoup.

Parmi ceux qui m'ont le plus pressé d'aller leur faire visite, j'ai remarqué le chef de la police. Nous avons bien aussi une police chez nous ; mais elle ne peut pas te donner une idée de celle de ce pays. Ici il semble que rien ne puisse se faire sans la police ; elle se mêle des fêtes, des enterremens, du commerce, de la religion, de l'armée, de la diplomatie. Je suis assez curieux de voir cet établissement dont le chef, si j'en juge par la bienveillance qu'il m'a témoignée, doit être bien disposé pour les Musulmans : on m'assure que c'est un homme très-zélé pour sa religion : c'est décidément parmi ceux-là que sont nos meilleurs amis.

# LETTRE VI.

### SIDY-MAHMOUD

### A HASSAN.

De Paris, 25ᵉ. jour de Ramadhan.

J'ai visité hier, cher Hassan, le palais de la police.

Te souviens-tu de cet heureux temps de notre première jeunesse, où nous écumions les mers sur un navire plus léger que les vents, où nous fondions sur les vaisseaux marchands comme le terrible épervier fond sur la colombe timide? Te souviens-tu de ces renégats, de ces boucaniers endurcis qui servaient sous nos ordres ? Combien de fois nous avons contemplé avec une sorte d'effroi leurs figures sinistres, vrai miroir de leur âme, qu'habitait seule la soif du gain, et dont jamais la pitié n'avait approché! Eh bien, ce sont des figures de ce genre-là que j'ai vues errer autour de moi comme des ombres, dans les corridors obscurs que l'on m'a fait traverser avant d'arriver à la salle où j'étais attendu.

A mon arrivée, le maître de la maison me reçut avec une extrême politesse, qui contrastait singulièrement avec les figures que je venais d'apercevoir. Il y avait bien là des messieurs en habits brodés et même quelques dames ; mais il semblait que le lieu jetât un voile de tristesse sur tout ce qui y était renfermé, et je sentis bientôt l'ennui s'emparer de moi. On se mit à me faire un étalage fort savant de tout le mécanisme de la police. On m'expliqua comment on se procurait des notes sur un individu, comment on le faisait surveiller, comment on l'arrêtait au besoin, comment on lui rendait la vie dure en prison, comment on découvrait les complots, comment on se procurait des intelligences, etc. Je remarquai qu'on me parlait beaucoup plus de la manière de surveiller les suspects et d'éventer les complots, que de la manière d'arrêter les voleurs ; il paraît que ceci n'est qu'un objet secondaire; aussi j'apprends qu'il se commet dans cette ville une immense quantité de vols. Il me parut aussi qu'en encourageant aussi puissamment le zèle des agens chargés de découvrir les complots, on pouvait bien leur donner l'idée d'en fabriquer eux-mêmes. Mais je ne communiquai point ces réflexions, et je continuai d'écouter avec patience l'énumération des finesses et des bienfaits de la police, qui est, me disait-on, un utile auxiliaire de la religion, et un appui indispensable de la politique. Quand ce fut fini, on paraissait attendre de moi des éloges et des témoignages d'approbation ; mais, à la grande surprise des auditeurs, je ne me montrai nullement émerveillé de ce qu'on venait de me dire. « Vraiment, leur dis-je, » voilà bien du temps, des peines

» et de la dépense perdues pour
» une besogne que vous pourriez
» faire plus commodément et plus
» expéditivement. Il s'en faut bien
» que vous soyez arrivés à la per-
» fection dont la police de Tunis
» vous offrirait le modèle. Qu'est-il
» besoin de tous vos agens, de vos
» rapports, de vos surveillances?
» Vous avez bien au milieu de
» tout cela quelques vestiges des
» bonnes traditions, mais vous les
» suivez trop timidement. Un cadi,
» chez nous, va bien plus droit
» au but : un individu est-il sus-
» pect, il le mande, lui fait don-
» ner la bastonnade, et voilà cet
» individu bien averti qu'on a les

» yeux sur lui. Deux particuliers
» se disputent et se plaignent l'un
» de l'autre, on leur donne la bas-
» tonnade à tous deux, et l'on
» s'informe ensuite lequel a raison.
» Un insolent a-t-il dit un mot ir-
» révent pour une autorité, on lui
» administre une double et triple
» bastonnade, et il se retire bien
» convaincu qu'on ne doit parler
» de l'autorité qu'avec éloge. Si la
» bastonnade est insuffisante, nous
» avons la corde et le pal. » Pendant que je parlais ainsi, la surprise et le désappointement se peignaient sur le visage de mon hôte, qui avait cru me surprendre par le magnifique tableau

de son administration ; mais je faisais alors peu d'attention à lui, car un autre spectacle attirait tous mes regards.

Avant de prendre la parole, j'avais remarqué, dans un coin de l'appartement, un petit homme mince, ayant des cheveux noirs, des yeux de même couleur fort vifs, mais dont il savait rendre le regard extrêmement doucereux. Il paraissait n'avoir pas voulu se mettre en évidence ; mais je jugeai que ce devait être un personnage marquant, car tous ceux qui l'entouraient lui témoignaient une grande soumission. Il avait paru distrait pendant le long discours qu'on m'avait adressé, mais son attention se réveilla quand je pris la parole. A peine eus-je parlé de nos cadis et cité la manière dont ils emploient la bastonnade pour le maintien de l'ordre, que je vis cet homme lever les yeux au ciel avec une sorte de transport;. et, à chaque exemple de bastonnade que je rapportais, j'entendais sortir de sa bouche ces exclamations proférées à demi-voix: « C'est là un pays ! c'est là une » police ! c'est là une admini-. » stration ! c'est là une justice!» Quand j'eus cessé de parler, il me regarda avec une sorte de vénération et de tendresse que je n'avais encore excitée chez personne. Je crus que cet homme avait envie de se faire Turc ; mais Abdul entendit dire autour de nous que c'était un des catholiques les plus fervens qu'il y eût en France, et qu'il jouait un grand rôle dans ces associations mystiques qui me paraissent avoir beaucoup de rapports avec l'administration dont on venait de m'exposer les ressorts.

Voilà donc encore un catholique zélé qui admire et qui envie les Turcs ! Quant à celui-ci, du moins, je n'ai pas de peine à m'expliquer la cause de son penchant pour nous; il est évident que c'est notre manière de simplifier la police et d'abréger les procédures par l'intervention du bâton.

Je me suis hâté de sortir de cette triste habitation. Dans tout ce que j'ai vu jusqu'à présent, j'ai toujours remarqué quelque chose d'amusant, mais ici il n'y a rien de semblable. J'en suis sorti fort mal disposé; il me semble, depuis vingt-quatre heures, que j'entends la voix monotone qui m'a donné de si longues et de si ennuyeuses explications, et que je vois toujours les figures qui passaient si rapidement autour de moi dans les corridors. Cher Hassan, je ne reviendrai plus à la police, ne fût-ce que pour une heure, j'aimerais presque autant passer une journée à fond de cale au milieu d'une trentaine d'esclaves chrétiens.

## LETTRE VII.

SIDY-MAHMOUD

A HASSAN.

De Paris, le 29ᵉ. jour de Ramadhan.

" Pourquoi le bien est-il toujours mélangé de mal, ou plutôt, quand une lueur de bien nous apparaît, pourquoi faut-il qu'elle soit étouffée aussitôt sous les nuages épais que le génie du mal amasse autour d'elle! Je n'ai que trop raison aujourd'hui de déplorer cette triste condition des choses humaines. Je t'ai parlé des journaux avec éloge, je t'ai dit que c'était une institution admirable, et en effet j'avais lieu de le croire, car jusqu'à présent ils n'avaient parlé de moi qu'avec respect et admiration. Mais le croirais-tu? il en est qui, dans leur amour pour les Grecs, ont poussé l'insolence jusqu'à rire des honneurs qui me sont prodigués (1), jusqu'à qualifier de

---

(1) Sidy-Mahmoud paraît ici faire allu-

pirates nos braves compatriotes. Les scélérats ! il leur appartient bien de parler ainsi lorsque je suis traité à l'égal des ambassadeurs des plus puissans monarques ! Ils nous reprochent des pirateries, des brigandages, comme si ces prétendues pirateries, ces prétendus brigandages, n'étaient pas sanctionnés par les puissances qui nous traitent en amis ! Ils oublient donc que j'ai été reçu ici à bras ouverts par leurs ministres, et que je vais représenter, au sacre de leur roi,

---

sion à quelques articles publiés dans le *Courrier français.*

un peuple intrépide qui fait, il est vrai, le commerce maritime à main armée, mais qui n'en est pas moins respecté par les gouvernemens chrétiens! Que sont-ils donc, d'ailleurs, ces chrétiens si insolens? Sont-ils moins que nous avides d'or et de richesses? Ah! si j'avais le temps de te raconter tout ce que j'ai appris ici, tu verrais s'ils ont droit de nous adresser des reproches : l'or est le seul dieu auquel ils sacrifient ; la religion même n'est pour la plupart d'entre eux qu'un moyen de faire fortune. Honneur, conscience, dignités, tout se vend, tout s'achète ; au moins si nous aimons les richesses, ce n'est point par des bassesses, c'est au risque de notre vie que nous les acquérons. Ils parlent de pirates ! Ah ! comment nomment-ils donc ceux qui ont pris part aux marchés passés pour la subsistance de leur armée pendant la dernière guerre qu'ils ont faite à l'Espagne !

Ces journaux sont bien décidément une invention détestable, avec laquelle il ne peut y avoir de paix dans un pays. Le peuple en est engoué; mais j'entends ici les personnages qui me font un accueil si distingué, prouver sans replique que la puissance des ministres ne peut être ni paisible, ni illimitée, que par conséquent le pays ne peut être heureux tant qu'on laissera publier ces feuilles maudites; ils ont l'espérance de s'en débarrasser. Je t'assure, cher Hassan, que les conseillers du Bey, notre maître, ne parleraient pas avec plus de sagesse.

J'ai encore un autre sujet de colère et d'indignation contre ce peuple imbécile. Croirais-tu qu'ils ont osé ouvrir une souscription en faveur des Grecs, et qu'il y a, à la tête de cette souscription, un comité qui communique avec les rebelles? Les gens que je vois habituellement en témoignent presque autant de mécontentement que moi; mais ils prétendent qu'ils ne peuvent l'empêcher; ils m'assurent d'ailleurs que, par compensation, on laisse passer des secours au pacha d'Égypte. Ah! Cher Hassan, je commence à m'en apercevoir, la masse de ce peuple est perverse et corrompue. Je ne trouve de bons sentimens que parmi les gens de haut parage que je vois habituellement. Je suis fêté dans les salons, mais je suis mal accueilli dans les rues. Quand je sors dans ma voiture découverte, je n'aperçois que des regards insolens et moqueurs dirigés sur moi, pas le plus léger signe de respect et d'admiration. Il y a plus, Abdul a saisi plus d'une fois des paroles injurieuses proférées sur mon passage; ces gens-là témoignent de l'indignation de ce qu'on accueille avec distinction ce qu'ils appellent un bourreau des Grecs. Il ne m'est plus permis d'en douter, ce peuple fait cause commune avec les chrétiens d'Orient, il les regarde comme des frères, il fait des vœux pour leur triomphe; et cependant les hommes recommandables que je rencontre souvent, répètent sans cesse que ce peuple est sans foi et sans religion.

On m'assure que du haut de la chaire les prêtres ne cessent de lui reprocher son impiété. Il y a là quelque chose d'inexplicable pour moi. Ce sont les impies, les gens sans religion qui épousent la cause des chrétiens d'Orient, tandis que les gens pieux et zélés pour la foi se montrent favorables aux Turcs. Il y a tant d'inconséquence chez ces chrétiens, qu'on ne peut jamais se flatter de comprendre leur conduite.

Hélas! cher Hassan, ce peuple contre lequel je ressens une si juste indignation, n'a que trop sujet de se réjouir. Quelles funestes nouvelles il arrive chaque jour de la Morée! Se peut-il qu'Ibrahim Pacha se soit laissé vaincre par ces infâmes rebelles? Mais aussi pourquoi confiait-il à des chrétiens le commandement de ses troupes? Il a reconnu sa faute trop tard, il l'a réparée autant qu'il était en lui par le supplice de ces misérables; cette juste vengeance a mêlé quelque consolation à la douleur que me causaient tant de funestes nouvelles. Que sont devenues les espérances que nous fondions sur cette campagne? Je croyais déjà voir nos vaisseaux revenir dans le port, chargés d'esclaves et de butin, et je me berçais de l'idée que tu pourrais faire pour mon compte quelques marchés avantageux; tout espoir est donc évanoui! Si je n'en croyais que mon premier mouvement, j'enverrais l'ordre de faire périr sous le bâton, tous mes esclaves chrétiens; mon intérêt seul m'arrête, rien ne les sauvera d'un redoublement de rigueurs.

Tant de contrariétés m'irritent, et je me sens à peine assez de liberté d'esprit pour te rendre compte de ce que j'ai vu de nouveau depuis ma dernière lettre. Tu sais que ces chrétiens ont deux assemblées chargées de travailler à faire des lois, comme si les lois ne devaient pas émaner uniquement de la volonté du maître! L'idée m'a pris d'aller voir celle de ces assemblées dont les séances sont publiques. Le local où elle se tient m'a paru beau ; mais rien de moins imposant que tous ces hommes assis sur des bancs, causant tous ensemble, s'agitant sans nécessité, riant sans sujet, comme c'est l'habitude des gens de ce pays. Vingt Turcs assis sur des carreaux, fumant leur pipe en regardant les flots de la mer, offrent, à mon avis, un coup d'œil bien plus majestueux que cette nombreuse réunion.

Ma présence produisit assez de sensation ; je vis beaucoup de membres de l'assemblée me regarder avec attention, et même avec bienveillance. J'en remarquai cependant une douzaine qui, rassemblés à l'autre extrémité de la salle, faisaient à peine attention à moi, et ne me regardaient de temps à autre qu'avec un air distrait et dédaigneux. J'aurais parié dès ce moment que c'étaient des hommes extrêmement dangereux pour leur gouvernement : le soir même j'étais dans le salon d'un ministre, et l'on m'a confirmé dans cette opinion.

Par un heureux hasard la discussion s'engagea sur un sujet qui se rattache au genre de connaissances que je possède spécialement : il s'agissait de la traite des noirs. Tu sais, cher Hassan, que ces chrétiens viennent acheter sur la côte occidentale de notre continent des nègres prisonniers, pour les transporter dans leurs colonies. Nous n'avons jamais voulu, nous autres musulmans, nous mêler d'un pareil commerce, il est indigne de nous. Quand nous faisons des esclaves, c'est le cimeterre au poing, et au risque de notre vie; mais ces lâches chrétiens trouvent plus commode de laisser combattre les peuplades nègres, et de venir ensuite sans danger, et à prix d'or, acheter ce que d'autres ont conquis au prix de leur sang. Depuis dix ans, quelques nations chrétiennes ont jugé à propos d'abolir la traite des noirs : c'est une détermination sur laquelle nous n'avons rien à dire, puisque, respectant les droits qui nous sont acquis, elles ne prétendent pas nous empêcher de faire la traite des blancs. Cependant, malgré les lois d'abolition, ce commerce a continué, favorisé en secret par des hommes puissans. C'est contre cette protection que quelques marchands réclamaient : ils qualifiaient le commerce des esclaves noirs de piraterie : ce mot me fit prêter l'oreille. Je vis monter à la tribune un homme dont la figure ne me prévint pas. Parmi ces figures chrétiennes, il y en a qui m'ont déplu, d'autres qui m'ont donné envie de rire, mais aucune ne m'avait encore produit l'impression que je ressentis en ce moment. Ce fut bien pis quand il parla : sa grosse voix, qu'il poussait avec effort, fatiguait mon oreille de son bruit monotone; et cependant, cher Hassan, il était inspiré par l'esprit de sagesse, il défendait les négriers; il s'indignait contre les marchands qui voulaient proscrire ce commerce ; il les traitait avec mépris. Je suis sûr qu'il n'y a de marchands respectables à ses yeux que ceux qui vendent des esclaves. Pourquoi dans ce moment quelque orateur n'a-t-il point parlé de la principale branche de notre commerce ! j'aurais eu le plaisir d'entendre cet homme défendre avec éloquence ce que ses compatriotes osent nous reprocher comme un brigandage. Quoiqu'il parlât avec une profonde sagesse, j'ai remarqué que beaucoup d'auditeurs offraient sur leurs visages l'expression de la surprise et de l'improbation. En descendant de la tribune, il me lança un regard de triomphe comme pour me demander si j'étais satisfait. Mon premier mouvement fut de me lever et de lui tendre les bras ; mais un nouveau coup d'œil jeté sur lui m'arrêta, et je sentis se renouveler l'impression qu'il avait d'abord produite sur moi. J'eus beau chercher à me vaincre, je ne pus prendre sur moi de lui accorder le signe de satisfaction qu'il paraissait ambitionner.

Je ne puis m'y méprendre, cher Hassan, la coïncidence d'une pareille discussion avec ma présence à la chambre n'est pas l'effet du hasard, c'est un hommage délicat qu'on a voulu me rendre. J'éprouve, depuis mon séjour ici, que pour ces sortes d'attentions flatteuses, d'aimables prévenances, les chrétiens nous sont infiniment supérieurs; mais de tels soins s'allieraient mal avec notre dignité. Je serais assez disposé à être reconnaissant de cette dernière galanterie, mais ils auraient bien dû choisir un orateur dont le visage fût plus agréable à mes yeux, et la voix plus douce à mon oreille. En vérité, après un tel choix, je ne puis leur tenir compte que de l'intention.

# LETTRE VIII.

SIDY-MAHMOUD

A HASSAN.

De Paris, le 8ᵉ. jour de Chawwal.

Ces chrétiens m'ennuient, cher Hassan, je ne connais rien de plus fatigant que la monotonie qui règne parmi eux. Quand on en a vu un, on peut croire qu'on les a vus tous. Leur langage, leurs manières, leurs gestes, tout paraît, comme leurs habits, câlqué sur un modèle uniforme. Lorsqu'on les aborde, lorsqu'on les quitte, on est toujours sûr de ce qu'ils diront et de l'attitude qu'ils prendront. Suivant la question qu'on leur adresse, on pourrait annoncer d'avance la réponse qu'ils vont faire et le ton dont ils la feront : c'est chez tous le même jargon, le même air apprêté, la même vanité. Lorsqu'ils sont rassemblés dans un salon, il n'y en a pas un qui parle ni qui agisse autrement que les autres; ils ressemblent parfaitement à leurs soldats, qui, à un commandement donné, exécutent tous à la fois le même mouvement avec un ensemble admirable.

J'ai vu ici différentes classes de la société sans trouver un changement notable dans les manières ; car comme ce peuple est tout pétri de vanité, chaque classe s'efforce de copier le ton et la manière d'être de la classe qui est au-dessus d'elle. Je me suis trouvé avec des gens de divers états; j'ai visité des marchands, des fabricans, des manufacturiers. Je savais qu'il y en avait parmi eux qui n'avaient pas de plaisir à me voir ; quelques-uns même faisaient partie de la société établie en faveur des Grecs, ce qui peut te faire apprécier les sentimens que ma présence devait leur inspirer. Je n'en ai pas moins été reçu par eux avec tout l'empressement imaginable; ils n'en ont pas moins paru flattés de ma visite. J'avais été bien reçu par les gens de cour et les ministres, dès-lors c'était un honneur d'être visité par moi et de me faire fête; chacun s'empressait de faire comme avaient fait les gens de cour et les ministres. J'ai profité de cet assaut de vanités sans en être dupe, et je ne conserve pas pour ces hôtes empressés plus de reconnaissance qu'ils n'en méritent de ma part.

Las de tant d'insipides politesses,

de tant de démonstrations menteuses, j'ai voulu me rapprocher un moment de la nature, et me retremper en quelque sorte dans l'air natal. Les lions que mon maître envoie ici en présent viennent d'arriver ; je suis allé les voir. Leurs rugissemens que j'entendais de loin m'ont fait tressaillir ; mille sentimens ont agité mon âme, lorsque j'ai aperçu ces hôtes du désert. Ils étaient tristes et mornes ; leurs têtes baissées, leurs regards tournés vers la terre annonçaient assez combien ils souffrent de leur exil dans ce climat sans soleil. Mais, à l'aspect de mon turban, leur crinière s'est agitée, leurs yeux se sont ranimés, leurs nazeaux se sont ouverts, ils avaient reconnu leur maître. Je suis resté long-temps près d'eux, j'ai caressé leur cou nerveux, j'ai passé mes doigts dans leur épaisse crinière. Je les ai vus se rouler à mes pieds, me lécher les mains, adoucir pour moi leur regard terrible. Quand il m'a fallu les quitter, leurs cris douloureux semblaient me rappeler, de grosses larmes tombaient de leurs yeux; j'étais ému moi-même en m'éloignant de ces nobles créatures. Ah! cher Hassan, que cette nature sauvage est imposante! comme elle rabaisse encore à mes yeux la nature chétive et travaillée dont je suis entouré ! Que ne m'est-il possible de passer auprès de ces rois du désert les heures que l'étiquette me condamne à passer dans les salons de ces automates chrétiens !

Les habitans de Paris ont montré de l'empressement pour voir les animaux envoyés par notre maître. Ces dons, qui ne nous coûtent pas cher, paraissent avoir beaucoup de prix à leurs yeux. Leur gouvernement ne voudra pas être en reste avec le prince qui les leur a envoyés, la vanité de ces chrétiens m'en répond. Je recevrai sans doute en retour des présens d'une grande valeur ; notre maître alors aura fait une bonne affaire, et j'espère que mon voyage lui vaudra plus que ne lui a valu, dans les premiers mois de cette année, la part qu'il prélève sur les prises, hélas! bien rares maintenant, de nos braves corsaires.

Je touche au moment le plus important de ma mission, qui, j'espère, sera bientôt terminée : le roi va se faire sacrer à Reims. Je suis si las de l'étiquette et des cérémonies de ce pays, que je me dispenserais volontiers de cette solennité; mais pour la dignité musulmane, pour notre importance politique, il est nécessaire que j'y assiste. Il faut que ma présence rappelle aux peuples de l'Europe que les rois chrétiens se regardent comme les frères du sultan et des autres princes musulmans ; il faut qu'on puisse dire que les régences d'Afrique ont eu leur représentant sur les bancs de la diplomatie européenne, et que les chrétiens d'Orient, réprouvés comme d'infâmes rebelles par leurs frères d'Occident, n'ont point participé à un pareil honneur. Un si grand intérêt triomphe de toutes mes répugnances. Je vais partir, cher Hassan ; je t'écrirai à mon retour.

## LETTRE IX.

### SIDY-MAHMOUD

### A HASSAN.

De Paris, le 21e. jour de Chawwal.

Mon voyage et ma mission sont accomplis, cher Hassan; j'ai vu ces solennités auxquelles les chrétiens paraissent attacher tant d'importance. Je ne connais point assez leur religion pour te faire un tableau exact de cette pompe toute catholique. Je ne puis que te répéter ce vieux mot d'un ambassadeur chrétien que l'on m'a appris ici : « Ce que j'y ai » trouvé de plus étonnant, c'est de » m'y voir. »

Ce voyage m'a offert un nouveau trait du caractère particulier à cette nation. On aurait dit que toute la France allait se précipiter dans l'enceinte de Reims ; que cette ville serait trop étroite pour contenir la foule qui allait s'y porter. Les habitans préparaient leurs maisons, s'approvisionnaient de vivres pour recevoir les hôtes innombrables qu'ils attendaient. Les curieux, tout en se préparant au voyage, tremblaient de ne pas trouver, au poids de l'or, un toit pour s'abriter et un morceau de pain pour se nourrir. Puis, tout à coup ces gens se sont effrayés de leur propre empressement ; à force d'entendre dire que tout le monde devait y aller, chacun en particulier, par crainte de la dépense et de la gêne, a pris la résolution de ne pas s'y rendre. Il en est résulté qu'il ne s'est trouvé à la cérémonie que ceux qui y étaient obligés par les emplois qu'ils occupent. Toute cette affluence, dont on avait tant parlé à l'avance, n'a été qu'une fumée mensongère. Je n'ai rien vu de plus léger et de plus inconséquent que cette nation; elle ne peut persévérer vingt-quatre heures dans une volonté, dans un sentiment, dans une résolution ; il n'y a que la vanité qui soit chez elle tenace et immuable.

Ils avaient pourtant là une belle occasion de satisfaire leur penchant pour la représentation; c'était un assaut de magnificence tel qu'ils en voient rarement. Que ces chrétiens paraissaient fiers! comme ils se rengorgaient sous leurs habits tout chamarrés d'or ! comme ils regardaient autour d'eux pour juger de l'admiration qu'ils inspiraient ! Je suis sûr qu'ils se croyaient plus grands de quelques coudées. Ce spectacle est ce qui m'a le plus amusé de toute la cérémonie.

Je ne puis, cher Hassan, porter un jugement sur la cérémonie en elle-même, ni sur le but moral ou politique qu'elle renferme ; je ne connais point assez les mœurs et la religion de ce pays. Tu sais que nos princes attachent un grand prix à ne point laisser croire que leur pouvoir puisse être soumis au pouvoir des docteurs de la loi, et qu'ils croiraient comimettre une grande faute en ne maintenant pas dans une complète indépendance leur autorité, dont ils sont si jaloux. J'ai lieu de croire, d'après ce que j'ai vu, qu'on a ici d'autres idées. Ce qu'il y a de sûr, c'est que cette solennité m'a paru consacrée presque sans partage à la gloire des prêtres du Christ. Ah ! cher Hassan, que ces évêques étaient magnifiques ! Combien d'or, de perles et de pierreries étincelaient sur leurs habits ! Quel trésor inestimable offre une pareille réunion de prélats, lorsqu'ils sont revêtus de leurs plus beaux ornemens ! Je n'ai jamais rien vu d'aussi admirable pour la richesse. Je ne pouvais m'empêcher de penser à la joie de nos corsaires, si jamais le ciel leur offrait une semblable proie. Quelle différence entre de pareils évêques et ce pauvre diable d'évêque grec que j'avais acheté à un corsaire venant de Chypre, et que j'ai revendu à Mustapha, le marchand d'esclaves !

J'ai joué un grand rôle dans cette solennité. Je représentais à moi seul tout l'islamisme. Mon turban s'élevait majestueusement au milieu de cette pompe chrétienne ; j'étais là comme une protestation vivante en faveur des droits du croissant contre l'audace des chrétiens rebelles. Qu'ils ne viennent plus nous dire que la communauté de religion attache à leur cause les princes chrétiens. Ma présence dans la basilique de Reims a prouvé à la face du monde que ces princes, inspirés par la sagesse d'en haut, tiennent plus à la cause des sultans, qui sont leurs frères en légitimité, qu'à la cause des Grecs, qui ne sont que leurs frères en Jésus-Christ.

J'ai eu lieu de reconnaître combien la gravité de notre caractère, la sérénité de notre humeur, la maturité de notre jugement, nous rendent supérieurs à ces chrétiens qu'agitent sans cesse de folles passions et une misérable vanité. Figure-toi que parmi les ambassadeurs qui siégeaient auprès de moi, il y en avait à peine un qui ne se trouvât pas blessé dans quelques petites prétentions, et qui n'éprouvât pas intérieurement un violent dépit. T'en expliquer les motifs me serait fort-difficile; je puis seulement t'assurer que c'était pour des futilités sur lesquelles un homme doué de raison, n'eût point arrêté un seul instant son attention. L'un qui avait apporté de la vaisselle d'or pour donner des festins qui devaient, disait-on à l'avance, coûter quinze sequins par tête, laissait pour se venger sa vaisselle d'or emballée dans les caisses, et s'en allait dîner tout seul dans sa chambre. Sa femme, qui s'était flattée d'éclipser par son faste toutes les femmes présentes à la cérémonie, s'abstenait, par vengeance, d'y assister, et restait seule à se morfondre dans son appartement. Un autre qui était aussi fâché, je ne sais pourquoi, se rendait dans le local où dînaient les ambassadeurs; mais, pour donner une éclatante satisfaction à sa dignité offensée, il s'y rendait sans être en costume de parade et allait manger dans un salon séparé. Pour moi, foulant aux pieds ces pitoyables tracasseries, inaccessible aux petites passions qui s'agitaient autour de moi, planant sur ces misères indignes d'arrêter mes regards, j'opposais un calme imperturbable à la folle irritation de tant de vanités, et j'accablais de tout l'ascendant de ma dignité ces hommes si peu pénétrés de la gravité du caractère dont ils étaient revêtus.

J'occupais un rang distingué dans les marches d'appareil où figurait le corps des ambassadeurs.

Je remarquai un instant près de moi un individu vêtu d'un uniforme rouge avec des épaulettes. Quoiqu'il fût parmi les ambassadeurs, il n'avait pas l'air diplomatique ; quoiqu'il fût en uniforme, il n'avait pas la tournure militaire. Je dis à mon interprète de s'informer de ce qu'il était; mais les renseignemens qu'obtint Abdul ne m'instruisirent guère. Les uns lui dirent que c'était un Juif, les autres que c'était un Arabe, ce qui me laissait toujours dans la même incertitude. Mais je sus bientôt que c'était un ami de notre puissant ami l'Autrichien ; que le ciel lui avait départi l'abondance des trésors; qu'il prêtait de l'argent à tous les princes chrétiens, et qu'au besoin il en prêterait bien volontiers au sérénissime Bey notre maître. Dès ce moment, cher Hassan, il a éclipsé à mes yeux tous les personnages de la fête, et j'ai été plus flatté du bonheur d'être un instant auprès de lui, que de tous les hommages, de tous les respects que m'ont prodigués les ministres et les grands de ce pays.

J'ai encore à te raconter un trait qui peint le caractère de cette nation. Je t'ai dit comment à force de désir et d'empressement de venir voir cette solennité, tous les curieux avaient fini par rester chez eux. On ne voyait guère ici que des gens que leurs emplois avaient obligés de s'y rendre. Eh bien, à peine la grande cérémonie fut-elle terminée, que ceux-là parurent encore plus pressés de partir qu'ils ne l'avaient été d'arriver. Ce fut comme une déroute générale. Sans avoir la patience d'attendre l'aurore du lendemain, ils se mirent en route précipitamment, la nuit, sans regarder derrière eux, comme si la mort eût été à leur poursuite,

Je ne me serais jamais imaginé qu'une fête pût se terminer par une fuite si prompte.

Je ne dois pas omettre un autre fait également propre à te faire connaître le peuple chez lequel je suis. Tu as entendu parler de cette distinction établie par l'empereur conquérant pour récompenser le courage militaire et les services rendus à l'état ; elle consiste dans un ruban rouge auquel est attachée une espèce d'étoile qu'ils appellent croix, je ne sais pas pourquoi. Comme la vanité, ainsi que je te l'ai dit, est le caractère dominant de ces chrétiens, il est arrivé qu'ils n'ont bientôt songé qu'à obtenir cette distinction sans se soucier nullement de la mériter. Ils n'ont pas réfléchi que si elle n'était le signe représentatif de services rendus à l'état, elle n'avait plus aucun prix ; ils ont espéré qu'en les voyant revêtus de ce ruban, on penserait qu'ils l'avaient gagné, et cet éclat emprunté les a rendus aussi fiers qu'ils pourraient l'être d'un mérite réel. L'intrigue et la faveur ont dès lors multiplié les décorations ; il en est même qui ont trouvé plus court de les acheter à prix d'argent. Jamais les récompenses des vertus guerrières n'ont été si prodiguées dans ce pays que depuis qu'on n'y fait plus la guerre. Quand je suis arrivé, je voyais tant de rubans rouges, que je m'informais toujours de ceux qui n'en avaient pas, trouvant que par cela seul ils étaient distingués des autres. Il s'est établi à ce sujet un usage tout-à-fait singulier. Toutes les fois qu'il y a une grande fête, comme si cette fête créait subitement des exploits militaires, des services rendus à l'état et des milliers d'hommes de mérite, il est convenu qu'on doit distribuer un grand nombre de croix. Alors les solliciteurs se pressent, chacun fait valoir non ses services, mais ses protections ; pour chaque croix.

qui doit être donnée, il y a cinquante demandes. Enfin, au jour donné, le réservoir s'ouvre, et la pluie tant désirée inonde les solliciteurs; quelques croix vont tomber par hasard sur de vieux soldats couverts de cicatrices, sur des hommes illustrés par leurs services et leurs talens, sur des militaires qui servent leur patrie; mais le grand nombre échoit à des joueurs d'instrument, à des faiseurs de chansons, à des hommes qui ne sont rien et qui ne peuvent deviner eux-mêmes à quel titre cela leur arrive, à des gens de la police, etc. Je me suis trouvé ici au moment d'une de ces distributions, et j'ai vu diminuer sensiblement la classe déjà peu nombreuse de ceux qui ne portent pas de ruban rouge. Eh bien, au milieu de tant de gens à rubans, j'aurais deviné quels étaient ceux qui venaient d'obtenir le droit de le porter ; leur œil fier, leur visage radieux me les indiquaient aussitôt. Tu me demanderas pourquoi ils étaient si fiers d'une distinction qui cesse d'en être une si tout le monde en est revêtu. J'aurais bien de la peine moi-même à te l'expliquer ; mais ces chrétiens sont si vains, que chacun croit sans doute que ce signe a sur lui plus d'éclat que sur les autres, ou bien que sa personne donne au ruban autant de lustre qu'elle en reçoit. C'est vraiment pour nous un spectacle curieux que de voir des hommes s'amuser ainsi avec des jouets d'enfant. Ces chrétiens me paraissent si petits, que je crois qu'il n'y a plus même d'étoffe en eux pour l'ambition : il n'y a place que pour la gloriole et la vanité.

Je suis revenu ici sans me presser, n'ayant aucune raison d'imiter la folle précipitation de ceux dont je te parlais tout à l'heure. J'ai vu à mon retour les réjouissances publiques qu'on annonçait trois mois d'avance. Ce peuple se montre tout fier de ce qu'il appelle sa civilisation ; il se croit en droit de parler avec dédain de nous et des autres peuples de l'Afrique. Ah ! cher Hassan, que n'as-tu assisté au spectacle que j'ai eu ici sous les yeux; que n'as-tu vu ces chrétiens si civilisés rassemblés comme un vil bétail autour de quelques échafauds, d'où on leur jetait une misérable pâture, comme nous jetons à manger aux tigres et aux lions que nous tenons renfermés; que ne les as-tu vus se battre, se déchirer comme des bêtes féroces pour s'arracher quelques débris d'alimens souillés de poussière et de fange; que ne les as-tu vus sortir de cette honteuse mêlée tout meurtris de coups, tout barbouillés de sueur, de sang et de vin ! Tu saurais alors s'ils ont droit de mépriser personne. Ce spectacle odieux m'a causé un mouvement de satisfaction en me montrant ces chrétiens dans un état d'abjection auquel, avec l'aide du prophète, ne descendra jamais une population musulmane. Quant au reste des réjouissances, j'y ai reconnu l'esprit léger et imprévoyant de cette nation ; j'y ai vu des preuves de l'ineptie de cette police qui m'avait tracé d'elle-même un si beau tableau. Les voitures, les cavaliers s'élançaient au milieu de la foule pressée des habitans ; le soir, les pièces du feu d'artifice allaient frapper les spectateurs comme des boulets lancés par la bouche enflammée d'un canon. C'est un miracle que, dans un pareil jour de fête, il ne périsse pas autant de monde que dans un jour de bataille.

Je suis étourdi, excédé de ces réjouissances, cher Hassan; ce peuple se croit le premier peuple du monde; que les étrangers viennent assister à ses fêtes, et ils sauront à quoi s'en tenir.

# LETTRE X.

SIDY-MAHMOUD

A HASSAN.

De Paris, le 2ᵉ. jour de Dsoul-Cadèh.

Nous nous sommes souvent entretenus du gouvernement de ce pays, sage Hassan. Bien des fois nous avons cherché à comprendre ce que c'était que cette liberté dont les Européens paraissent si fiers, et qu'ils nous reprochent de ne pas connaître. Depuis que je suis ici, j'ai redoublé d'efforts pour savoir enfin quelle est cette liberté tant vantée, et je n'ai pas été plus heureux ; j'en entends parler sans cesse; mais, quand je veux saisir la réalité, elle m'échappe. Je ne me trouve en définitive guère plus instruit qu'avant de quitter Tunis.

S'il faut te dire toute ma pensée, il me semble que le gouvernement de ce pays ne diffère pas essentiellement du nôtre. Chez nous, c'est la volonté du prince qui fait loi ; il dispose souverainement du sort de ses serviteurs. La plus grande différence que je remarque entre Tunis et Paris, c'est que le pouvoir, qui chez nous n'appartient qu'à un seul, est ici le partage de sept à huit ministres ; et en cela ces chrétiens font bien paraître leur peu de jugement, car il n'est pas d'homme sage qui n'aime mieux obéir à un seul maître que d'être soumis à plusieurs.

A la vérité, j'entends dire sans cesse qu'ici il y a des lois, que ces lois sont égales pour le fort comme pour le faible, pour le riche comme pour le pauvre ; et c'est sur ces lois, sans cesse invoquées, que quelques entêtés s'appuient pour prétendre à toute force qu'ils sont libres. Mais, en y regardant d'un peu près, on voit bien vite que c'est encore là un de ces vains simulacres qui ne peuvent en imposer qu'à des esprits légers et superficiels comme ceux de ces chrétiens. Je t'assure que les ministres ne se soucient pas plus de ces lois et des réclamations de ceux qui en demandent l'exécution, qu'on ne se soucie chez nous des plaintes d'un esclave chrétien que son maître fait châtier.

## DIXIÈME. 149

Par exemple, il y a dans ce pays une loi regardée comme fort importante, en vertu de laquelle une certaine classe de citoyens doit élire librement des députés, qui se réunissent en assemblée pour contrôler les actes des ministres. Eh bien ! les ministres excluent, à leur volonté, de cette classe ceux qui ont droit d'y être, et y font entrer ceux qui n'ont aucun droit d'y figurer. Ils inquiètent, ils menacent, ils persécutent ceux qui voudraient user du droit de voter librement ; et ces tracasseries, ces menaces, ces persécutions sont publiques, en dépit des lois qui les qualifient de crimes. Mais les lois sont muettes, leurs organes restent impassibles quand ce sont les ministres ou leurs délégués qui les foulent aux pieds; je te le demande, cher Hassan, ces chrétiens n'ont-ils pas une belle garantie dans ces lois sans force et sans vertu, qui cèdent si commodément à ceux qui les bravent.

Il résulte de ces violations, que les députés chargés de contrôler les actes des ministres, ne sont point nommés par le choix libre des citoyens, mais par l'influence et la volonté des ministres ; ce sont des amis, des serviteurs des ministres, et non des censeurs de leurs actes, non des hommes représentant les intérêts de ceux qui sont censés les avoir nommés. Aussi les ministres obtiennent-ils tout ce qu'ils veulent : lois de toute nature, accroissemens du pouvoir, et surtout argent à profusion ; ils n'ont qu'à demander. Il y a néanmoins des gens qui, se contentant de quelques apparences, prétendent obstinément que le peuple est représenté, que le pouvoir des ministres est limité. Ces chrétiens ont un esprit si superficiel, que des mots, et quelques démonstrations extérieures, suffisent pour leur faire croire qu'ils possèdent en réalité ce dont on ne leur présente que l'ombre. Leur raison n'est point assez solide pour aller au fond des choses, et il en est beaucoup qui se croient sérieusement indépendans des gens qui les mènent à la lisière, qui leur prennent leur argent et qui se moquent d'eux.

Ce qu'il y a de curieux, c'est la situation des fonctionnaires publics à l'égard des ministres dont ils dépendent. La soumission de l'esclave chrétien envers le musulman qui l'a acheté, peut à peine t'en donner une idée. Tous les fonctionnaires dépendans d'un ministre appartiennent à ce ministre, âme, corps et biens. C'est lui qui leur signifie ce qu'ils doivent faire, ce qu'ils doivent dire, ce qu'ils doivent penser. S'ils s'avisent de laisser percer un sentiment, d'émettre un vote, qui ne soient pas conformes au mot d'ordre, ils sont destitués sans rémission. Il y a bien des lois qui ne veulent pas qu'il en soit ainsi ; mais ces lois, comme tant d'autres, ne sont pas un frein pour les ministres. Le fonctionnaire récalcitrant, eût-il de nombreuses années de services, n'en est pas moins renvoyé comme un misérable, en dépit des lois qui veulent que ses services soient récompensés. Dis-moi, cher Hassan, les choses ne marcheraient-elles pas absolument de la même manière dans un pays où il n'y aurait point de lois ? Aussi, il faut voir la soumission des subalternes envers les ministres, leur empressement ; leurs petits soins, leur obséquiosité craintive. J'ai eu souvent ce tableau sous les yeux, et je t'assure qu'on ne trouverait rien de semblable chez nous. Ces gens-là, lorsqu'ils sont devant un ministre, ont cent fois moins d'assurance que je n'en ai, lorsqu'exerçant près de notre glorieux maître les éminentes fonctions qu'il a daigné confier à mon zèle, je jouis de l'ineffable honneur de lui présenter le café ou d'allumer sa pipe.

Tu jugeras facilement, d'après ce que je t'ai dit, qu'il n'y a ici qu'une vertu, qu'un talent dont les ministres fassent cas dans leurs subordonnés : c'est une soumission absolue. Un homme du plus éminent génie, s'il montrait quelque fierté dans le caractère, serait repoussé et peut-être persécuté. Dans ce prétendu pays de liberté, on ne parvient aux emplois qu'en se réduisant au rôle d'automate.

Mais une fois le tribut de soumission payé aux ministres, rien n'est plus heureux ici qu'un administrateur. Il n'a pas besoin de se mettre en frais d'habileté, il ne doit compte de sa conduite à personne, il n'a aucune obligation à remplir envers ses administrés, et, quels que soient ses torts à leur égard, il est toujours sûr d'avoir raison. Les choses ne se passent pas ici comme à Tunis. Le peuple, chez nous, se révolte et fait quelquefois justice des officiers du prince qui abusent de leur pouvoir;

ou bien le prince lui-même, instruit de leurs méfaits, fait tomber leur tête sous le cimeterre. Il n'y a rien de semblable ici. Le ministre, le fonctionnaire n'a rien à craindre, quelque répréhensible que soit sa conduite, tant qu'il ne nuit qu'aux particuliers et à la chose publique ; il est toujours sûr de se retirer avec une riche pension que l'état lui paye en retour du mal qu'il a fait. Le sort d'un délégué du pouvoir est cent fois plus heureux, son métier est cent fois plus commode en France qu'en Afrique ; ici on parle de responsabilité, mais il n'en existe que chez nous.

Cette soumission sans bornes, qui tient lieu de talent aux employes, a le même effet pour les ministres. Comme ceux qui reçoivent leurs ordres doivent s'y soumettre sans examen et sans observations, comme ils sont obligés de proclamer en toute occasion que tout ce qui émane du ministère est marqué du sceau du génie et de la sagesse, les ministres peuvent être absurdes tout à leur aise ; ils n'en sont pas moins obéis religieusement et proclamés de grands hommes ; c'est une sorte d'infaillibilité qu'ils se sont créée. Aussi je remarque qu'ils ne se donnent pas grande peine pour la gestion de leurs ministères ; ils suivent exclusivement pour guides le hasard et la routine ; le premier les dispense de prévoyance, la seconde leur épargne la fatigue d'esprit. Ce hasard, auquel ils aiment à s'en remettre, est bien aussi pour quelque chose dans leur élévation. C'est un financier qui est ministre de la marine, c'est un marin qui est ministre des finances ; ils n'en sont pas plus embarrassés pour cela. Chacun taille à tort et à travers dans son ministère, détruit ce qui était bien, rétablit ce qui était mal ; et le bon peuple, qui paye les frais de ces expériences, qui en voit tout le danger sans pouvoir y remédier, parle encore avec fierté de l'excellence de son gouvernement, de sa liberté, de ses lois. De ses lois! en vérité je ne puis plus entendre prononcer ce mot sans étouffer de rire.

Tu peux m'en croire, cher Hassan, ce gouvernement-ci diffère du nôtre plus par les formes que par le fond. Dans l'un et dans l'autre, la base principale c'est une soumission absolue. Chez nous, cette soumission est produite par la crainte; ici elle est entretenue par la crainte et par la séduction, voilà toute la différence.

Cette séduction est une arme bien puissante dans la main des ministres ; ils présentent sans cesse, à ce qui les entoure, une perspective de richesses, de pouvoir et de dignités ; à cet aspect, peuple, magistrats, guerriers, prêtres, se précipitent pour adorer l'idole qui doit les combler de biens ; nos corsaires ne poursuivent pas avec plus d'âpreté un bâtiment marchand qui cherche à leur échapper. Il y a encore ici un autre appât dont les ministres contribuent de toutes leurs forces à augmenter le pouvoir, c'est une espèce de jeu de hasard appelé *bourse*, où des gens de tous les états vont risquer leur fortune; nous n'avons pas plus de goût pour courir les mers, que ces gens-ci n'en ont pour venir s'exposer sur ce champ d'intrigues et de spéculations. Ainsi que dans nos courses maritimes, il y en a qui font des coups superbes, tandis que d'autres sont coulés à fond; ce genre de trafic a plus d'un point d'analogie avec notre métier de corsaire.

Tu t'étonneras sans doute, après tout ce que je te dis, que ce peuple parle tant de sa dignité, de sa morale et de sa liberté. Je crois qu'ils se figurent être libres, parce qu'on leur laisse encore le droit de dire à peu près ce qu'ils pensent sur la conduite des ministres. Ils ont quelques députés qui, de temps à autres, font de beaux discours pour se plaindre de la conduite des ministres, et pour leur reprocher de ne pas observer les lois; ils ont des écrivains qui en disent autant dans des journaux et dans des petits livres. A tout cela, les ministres ne daignent pas même répondre; ils poursuivent leur route comme si de rien n'était; que les reproches qu'on leur adresse soient justes ou non, peu leur importe; ils n'en éludent pas moins les lois qui les gênent, ils n'en obtiennent pas moins tout l'argent qu'ils demandent. Les orateurs et les écrivains se lassent enfin de crier, le public se lasse de les entendre, et le ministre, qui a tout bravé, arrive à son but, tout comme si sa conduite était l'objet des suffrages universels. Le peuple oublie bientôt lui-même ses griefs, et la mesure qui l'a le plus choqué, le plus irrité, au bout de quinze jours qu'elle est en vigueur, lui est devenue à peu près indifférente. Il n'y en a pas moins ici nombre de bonnes gens qui sont très-fiers du droit de parler et d'écrire; l'inutilité de leurs efforts ne les décourage pas; ils persévèrent comme s'il en résultait quelque chose; ils prétendent qu'ils éclairent l'opinion publique, laquelle, disent-ils, est reine du monde. Plaisante reine, vraiment, dont les ministres peuvent se moquer impunément pendant je ne sais combien d'années! Pour moi, quand je vois ces continuelles réclamations, ces raisonnemens, ces représentations dont la justice est rarement contestée, et qui n'en sont pas moins toujours dédaignées par le pouvoir, il me semble que cela ne sert qu'à décréditer la raison.

Pauvres gens qui se disent libres, et ils ne peuvent faire un pas sans être arrêtés par des entraves de toute espèce ! la police les poursuit jusque dans le sein de leurs foyers domestiques ; tous les états aboutissent par mille fils à l'administration qui les tient sous sa dépendance ; un pauvre diable ne peut pas vendre de vin sans permission ; un autre ne peut pas profiter du ruisseau qui fait tourner son moulin ; riche ou pauvre, qui veut aller d'une ville à l'autre, doit en demander et en payer la permission, comme le ferait un esclave attaché à la glèbe ; il faut qu'ils payent des droits au gouvernement pour manger et pour boire ; il faut qu'ils lui payent jusqu'à l'air qu'ils respirent. La mort même ne les affranchit pas de ces tributs continuels ; il faut encore qu'ils payent un droit pour le char qui doit les conduire à leur dernière demeure ; il faut qu'ils payent au poids de l'or le terrain qui doit recevoir leur dépouille. Que dis-je ? il faut qu'ils payent jusqu'aux secours de leur religion, ce n'est qu'avec de l'or qu'ils obtiennent les prières et l'intervention de ses ministres..... Ah ! cher Hassan, que le ciel me préserve d'habiter un pays libre à la façon de celui-ci ! Tunis est cent fois préférable, et je ne croirai jamais pouvoir trop me hâter d'y retourner.

# LETTRE XI.

### SIDY-MAHMOUD

### A HASSAN.

De Paris, le 14e. jour de Dsoul-Cadèh.

Il est temps que je quitte ce pays, cher Hassan, je sens que je n'y puis demeurer plus long-temps. Les hommages dont on m'accable me plaisaient d'abord, mais j'en suis rassasié, et ils me deviennent insipides. Il y a dans tout ceci quelque chose qui ne va point à notre humeur nationale. Nous voulons dans nos esclaves une soumission absolue, mais dans nos égaux nous aimons à trouver de la fierté. Les gens que je vois ici ont beau se dire à chaque instant *mes très-humbles serviteurs*, je sais bien qu'ils ne sont pas mes esclaves, et cependant ils agissent quelquefois de manière à me faire oublier qu'ils sont mes égaux. Alors ils me font commettre des méprises dont leur vanité, toujours prompte à s'alarmer, paraît profondément blessée. Il y en a un, l'autre jour, qui me reçut avec des démonstrations de respect inconcevables ; au milieu de toutes ses révérences, il me présenta sa femme ; je m'imaginai, moi, qu'il m'en faisait présent ; mais à peine se fut-il aperçu de l'idée où j'étais, qu'il rougit et parut extrêmement mortifié. On ne sait vraiment comment se conduire avec ces gens-ci : s'ils se regardent comme mes esclaves, qu'ils ne trouvent pas mauvais que j'agisse en maître ; s'ils sont mes égaux, qu'ils se conduisent comme tels, et ne me donnent pas lieu de croire à chaque instant que je suis au milieu de mes serviteurs.

Je suis encore allé voir quelques établissemens publics, car je reçois des sollicitations sans fin pour les aller visiter tous. Ma présence est un honneur que chacun réclame à l'envi. Ma première visite, depuis mon retour, a été pour leur grande imprimerie, qu'ils appellent *imprimerie royale*. J'y ai été reçu avec les cérémonies accoutumées. Comme j'ai appris à connaître la physionomie de ces chrétiens, je vis bien au premier coup d'œil qu'ils avaient préparé quelque chose pour me surprendre, car c'est toujours là le but de leurs efforts. Ils paraissent attacher un grand prix à me frapper d'étonnement, et je les rendrais souverainement heureux si je leur laissais lire ce sentiment sur mon visage; mais je ne puis, en conscience, leur donner ce petit plaisir, car tout ce qu'ils me montrent ne me surprend pas le moins du monde.

Ils me montrèrent d'abord leurs presses, leurs caractères, toutes choses que je devais, à ce qu'ils croyaient, trouver admirables et qui m'ont fort ennuyé ; nous sommes enfin arrivés près d'une presse qui était entourée de monde; j'ai bien vu que c'était là le moment de la surprise. Les ouvriers se sont mis à l'ouvrage, et aussitôt on m'a présenté un parchemin sur lequel était un compliment gravé en caractères d'or ; cette fois c'était bien de l'arabe. Je t'envoie ce compliment, cher Hassan, il t'amusera ; on m'y appelle *source de tout bien, clef de tout bonheur.* Je suis sûr que le chrétien qui a fait cela s'est donné bien du mal ; il a été chercher à grande peine quelques lambeaux de phrases dans nos livres, puis il les a cousus à tort et à travers, et s'est imaginé avoir fait du style arabe. Je n'ai pu m'empêcher de sourire en lisant ce bizarre assemblage de mots incohérens. L'auteur, qui avait les yeux fixés sur moi, a pris ce sourire pour une marque d'approbation, et il s'est crû aussitôt plus grand de trois coudées. Ah! cher Hassan, quels hommes que ces chrétiens!

Je suis allé depuis voir l'Hôtel des Monnaies. Je croyais qu'on allait me montrer des monceaux d'or et d'argent; pas du tout, on ne m'a fait voir que des coins, des balanciers, et autres machines qui ne m'intéressaient nullement. Enfin, j'ai trouvé là aussi l'inévitable surprise. On a frappé, en mon honneur, une belle médaille avec une inscription arabe, portant que *Sidy-Mahmoud, envoyé du glorieux bey de Tunis, a honoré de sa présence l'Hôtel des Monnaies.* Ils ont cru que j'étais enchanté de cet hommage. Imbéciles! ils auraient bien mieux fait de m'offrir quelques vases remplis de leurs monnaies d'or; à ce prix, je les aurais bien tenus quittes de leurs inscriptions arabes. Une des choses que je regrette le plus, cher Hassan, c'est de ne pouvoir te rapporter une médaille où soit empreinte la figure du chef de cet établissement; tu verrais ce que c'est que ces figures chrétiennes.

Tu peux juger, par tout ce que

je te raconte, des peines que l'on se donne pour me plaire ; mais, comme je te l'ai dit, on y réussit peu maintenant. Je ne veux pas demeurer plus long-temps en France ; je vais demander mes audiences de congé, et je retournerai bientôt saluer avec joie le soleil brûlant de nos rivages. Cependant, je dois de la reconnaissance à quelques hommes de ce pays pour l'accueil qu'ils m'ont fait, et je serais bien aise de la leur témoigner. Il y en a un, l'autre jour, qui me priait de mettre en liberté le petit esclave grec que j'ai amené avec moi ; comme il ne parlait pas de la somme qu'il me donnerait en retour, je n'ai pu accueillir cette demande. Mais il y en a d'autres qui m'ont prié de traiter avec douceur les esclaves chrétiens dont je suis propriétaire, et j'ai bien voulu condescendre à cette prière. Ainsi, cher Hassan, recommande à mon intendant de ne faire tirer à l'avenir que quarante sceaux d'eau au vieux prêtre, de ne point faire porter de trop lourds fardeaux à cette vieille femme de Casos, et de ne donner aux autres la bastonnade que quand cela sera absolument nécessaire. J'ai été bien reçu par le gouvernement de ce pays, et je veux lui prouver que je sais reconnaître un procédé.

Malgré l'ennui que je commence à éprouver ici, j'y resterais plus long-temps si le service de notre maître l'exigeait ; mais un plus long séjour serait inutile; j'ai vu, j'ai observé, j'ai jugé, je n'ai plus rien à apprendre.

Cher Hassan, les enfans du prophète ne doivent point redouter la France, ni à raison de sa sympathie pour les Grecs, ni à raison du zéle qui lui est revenu pour la foi catholique. La masse de cette nation serait peut-être disposée à seconder les chrétiens d'Orient, mais cette disposition n'est point partagée par les classes puissantes. Les formes de notre gouvernement sont ici, pour beaucoup d'hommes éminens, un sujet d'admiration; ils ne voudraient pas qu'un tel gouvernement cessât de régir l'Orient; ils le voient, au contraire, subsister avec plaisir comme un modèle dont le reste de l'Europe pourra profiter un jour. D'ailleurs, un peuple qui s'insurge contre ceux qui le gouvernent leur paraît toujours d'un dangereux exemple, lors même que ce peuple est chrétien, et que ceux qui le gouvernent sont des Turcs. Il est encore une autre raison; les gens que j'ai vus ici sont si remplis de petites prétentions, leur esprit est si mesquin et leurs vues si courtes, que je crois impossible qu'un projet vaste ou une idée hardie sorte jamais de leur cerveau.

Les prêtres du Christ ne montrent aucune mauvaise disposition à notre égard. Ils ne font entendre, dans leurs sermons, aucune parole de malédiction contre nous ni de compassion pour les Grecs; ils réservent toutes leurs malédictions pour les incrédules de leur pays, et toute leur compassion pour les établissemens religieux, les couvens, les membres du clergé qui ne sont point assez largement dotés ou rétribués. La guerre d'Orient est pour eux comme si elle n'existait pas; ils paraissent n'y penser en aucune façon. Les Grecs, d'ailleurs, suivent un autre rite que l'église latine, et de là vient peut-être le peu d'intérêt que prennent à eux les prêtres de cette église. Je connais ici des gens aux yeux de qui un Turc vaut mieux qu'un schismatique ou un protestant.

Que te dirai-je, enfin, du zèle religieux qui paraît animer une classe assez nombreuse? Ce zèle-là n'est plus celui qui faisait entreprendre des croisades, qui faisait braver la mort, les périls, les fatigues et la misère. Non, cher Hassan, il s'allie à l'amour de l'or, à la soif du pouvoir, à un attachement sans bornes pour toutes les douceurs, les jouissances, les vanités sociales; il n'inspirera jamais, à ceux qui en sont possédés, la moindre envie de venir se battre contre nous.

Bien loin de là, toute leur humeur belliqueuse est tournée contre ceux de leurs concitoyens qui n'imitent pas leurs démonstrations extérieures et ne partagent pas leurs doctrines. Il en résulte, dans cette nation, des haines, des divisions qui se font sentir à chaque pas. Ah! loin qu'un pareil zèle religieux ait rien de menaçant pour nous, il est au contraire notre meilleure sauvegarde. Crois-moi, tant qu'il sera encouragé comme il l'est aujourd'hui, cette nation ne redeviendra point assez puissante pour tenter des guerres et des conquêtes au dehors.

Réjouissons-nous donc, cher Hassan, le ciel daigne écarter des enfans du prophète les dangers dont nous les avions cru menacés. Dissipe les inquiétudes de notre maître, qu'aucune crainte n'enchaîne plus nos efforts, et quand le zéphir de la victoire soufflera pour nous, exterminons les rebelles, usons de notre triomphe comme dans ces jours terribles dont Chio, Casos et Ipsara garderont à jamais la mémoire; l'Europe chrétienne ne nous demandera pas compte du sang que nous aurons versé.

J'avais eu l'idée d'aller passer quelques jours en Angleterre avant de retourner à Tunis; mais ce pays a eu, il y a quelques années, de très-mauvais procédés envers Alger, et je craindrais de ne pas y être bien accueilli. Les Anglais ont formé quantité de sociétés en faveur des Grecs; ils ont envoyé beaucoup de secours à ces rebelles, et c'est de leur île qu'était sorti ce lord maudit qui pouvait devenir si funeste à l'islamisme, lorsqu'heureusement la bonté du ciel nous en a délivrés. D'ailleurs, les Anglais sont protestans; et quelques-uns des respectables chrétiens, qui m'ont si bien accueilli, m'ont assuré qu'il n'y avait rien de bon à attendre des gens de cette religion. Je bornerai donc mon voyage à la France; un musulman y est aujourd'hui si bien accueilli, il est environné de tant de respects, d'honneurs, de prévenances, de plaisirs sur cette terre catholique, que quand il se décide à la quitter, ce ne peut être que pour retourner dans sa patrie.

# NOTES.

# AVIS

## DE L'ÉDITEUR.

Les journaux ont rendu compte des réceptions faites à Sidy-Mahmoud chez les ministres et autres fonctionnaires, ainsi que de ses visites à divers établissemens publics. L'éditeur a pensé qu'il serait agréable au lecteur de trouver ici les récits des journaux, avec l'indication des lettres de l'envoyé de Tunis auxquelles ils se rapportent ; ce rapprochement a paru d'autant plus nécessaire, que Sidy-

Mahmoud se bornant quelquefois à faire allusion à certains faits, le lecteur peut avoir besoin des éclaircissemens qu'il trouvera dans les citations suivantes.

# NOTES.

## LETTRE PREMIÈRE.

Le *Journal des Bouches-du-Rhône* donne les détails suivans sur l'ambassadeur du bey de Tunis, qui fait quarantaine au lazaret de Marseille :

» Sidy-Mahmoud est à peine âgé de 36 ans; sa physionomie est très-expressive, sa taille haute, et ses forces herculéennes. Il a un très-riche costume, qui est celui des grands de sa nation, et qui lui donne beaucoup de dignité. Du reste, il est très-affable, et paraît avoir un caractère de bonté tout particulier. En sortant de quarantaine, S. Exc. se mettra en route pour Paris. »

(*Moniteur* du 7 avril.)

— Lorsque Sidy-Mahmoud, envoyé de S. A. le bey de Tunis, débarqua au lazaret de Marseille, il y fut complimenté en ces termes par l'intendance sanitaire, présidée par M. le maire :

« Le prince qui vous envoie fut tou-
» jours l'ami fidèle de la France. Jamais
» elle n'a plus apprécié son attache-

» ment que lorsqu'il vient prendre part
» à sa joie dans l'heureux avénement
» d'un souverain qu'elle chérit. L'in-
» tendance sanitaire de Marseille s'ap-
» plaudit de remplir la volonté du Roi,
» en rendant ce qui est dû à l'honorable
» mission pour laquelle V. Exc. a été
» dignement choisie. »

(*Moniteur* du 25 avril.)

## LETTRE II.

On écrit de Lyon, 25 avril :

« Un grand nombre d'étrangers de distinction sont arrivés hier dans notre ville ; le prince de Metternich et son fils, avec une suite de douze personnes, se rendant à Milan par Marseille, sont descendus à l'hôtel de l'Europe.

» Sidy-Mahmoud, envoyé extraordinaire du bey de Tunis, pour assister au sacre de Charles X, est descendu dans le même hôtel ; il est accompagné de M. Raphaël Gaëta, son secrétaire, de M. Desgrange, interprète du Roi, et de sept autres personnes. »

( *Étoile* du 29 avril. )

# LETTRE III.

« La réception de Sidy-Mahmoud, envoyé du bey de Tunis, a eu lieu aujourd'hui à l'hôtel des affaires étrangères. M. le baron de Damas s'était placé dans le salon des ambassadeurs, ayant auprès de lui trente personnes qu'il avait invitées : des pairs de France, des députés, des officiers-généraux et supérieurs de terre et de mer, tous en grand uniforme. Au moment où M. l'envoyé a été annoncé, tout le monde s'est levé. Le ministre seul est resté assis et la tête couverte. S. Exc. a salué l'envoyé de la main, et l'a invité à s'asseoir. Sidy-Mahmoud a remis ensuite au ministre une lettre du bey, en lui adressant un discours en arabe, dont un interprète a donné l'explication.

» Bientôt après, l'étiquette diplomatique a fait place à un ton moins cérémonieux, et sur la demande qui a été faite à cet étranger s'il se trouvait bien en France, il a répondu : « A mon dé- » barquement à Toulon, j'ai été sur- » pris ; à Lyon, j'ai été émerveillé ; mais » en voyant Paris, j'ai oublié tout ce » que j'avais vu. » Après une demi-heure d'entretien, M. le baron de Damas a conduit M. l'envoyé dans le grand salon de réception où étaient réunies vingt dames, qui se sont levées aussitôt. Sidy-Mahmoud a salué avec dignité. Au dîner, il a paru trouver tous les mets de son goût, et a eu soin de dire que son médecin lui avait prescrit de boire du vin pour sa santé ; il a donné la préférence au vin de Champagne. L'ordonnance du repas, l'uniforme brillant des convives a paru l'occuper beaucoup.

» Sidy-Mahmoud est âgé de 30 ans, il est très-gras, sa tête est fort belle, son teint est celui d'un Français fort brun ; il parle assez bien l'italien ; son costume est simple, mais élégant ; il porte un dolman blanc, brodé en soie bleu de ciel, attaché avec des agraffes d'or ; son turban est fait de deux cachemires rouges ; un schall blanc, d'un tissu très-fin, est jeté négligemment sur son épaule. A dix heures du soir, Sidy-Mahmoud s'est retiré en saluant les dames et en adressant un compliment à M. le baron de Damas. M. le secrétaire particulier de S. Exc., et dix autres personnes, ont accompagné M. l'envoyé jusqu'à la porte des premiers appartemens. »

(*Moniteur* du 7 mai.)

# LETTRES IV et V.

Son excellence l'ambassadeur de Tunis a été reçue aujourd'hui à l'Hôtel-de-Ville. S. Exc. est arrivée à deux heures ; M. le comte de Chabrol, préfet, autour duquel s'étaient réunis MM. les membres du conseil de préfecture, M. le secrétaire-général, MM. du corps municipal, l'attendait dans son grand cabinet. Un assez grand nombre de personnes, parmi lesquelles se trouvaient plusieurs dames, occupaient les appartemens que l'ambassadeur a traversés au bruit d'une musique militaire. M. Héricart de Thury, colonel de la neuvième légion de la garde nationale, avait mis le corps de musique à la disposition de M. le préfet, ainsi qu'un détachement de grenadiers de cette garde.

M. le préfet et MM. du corps municipal sont allés recevoir S. Exc. dans la pièce voisine de celle de réception ; les premiers complimens ont été faits par M. le préfet en langue arabe, langue que sa participation à l'expédition d'Égypte a mis M. de Chabrol à portée de connaître. L'ambassadeur a paru à la fois surpris et flatté de cette prévenance. Introduit dans le grand cabinet, il a été invité à s'asseoir sur un divan; M. le préfet était assis en face de lui sur un fauteuil; le cercle s'est formé, et un entretien s'est établi, par l'intermédiaire d'un interprète, qui traduisait à l'assemblée les réponses que S. Exc. a faites avec beaucoup d'affabilité, et l'air d'une entière satisfaction. Voici les fragmens de cette conversation, que nous avons retenus.

« M. de Chabrol commence par faire ses excuses à S. Exc. sur ce qu'elle a traversé des appartemens dans lesquels on se livre aux travaux préparatoires des fêtes du sacre; S. Exc. remercie de cette observation, et ajoute qu'elle se trouvait heureuse d'être venue à Paris dans une circonstance si solennelle et si heureuse pour la France.

#### NOTES. 205

« » M. le préfet annonce à l'ambassadeur que les personnes placées auprès de lui sont les magistrats et les membres du corps municipal de la ville de Paris ; S. Exc. prie M. le préfet de leur faire agréer ses félicitations empressées.

» M. le préfet offre à l'ambassadeur les médailles frappées pour la restauration, et pour la naissance de monseigneur le duc de Bordeaux; S. Exc. répond qu'elle les accepte avec reconnaissance, qu'elle les conservera précieusement comme un honorable souvenir de son voyage à Paris, comme un témoignage flatteur de la gracieuseté de ses nobles magistrats, et un signe de la splendeur de la ville de Paris.

» M. le préfet pense que l'ambassadeur voudra visiter les monumens de la capitale et les établissemens publics ; il l'assure que des ordres seront donnés partout pour qu'il puisse les examiner avec facilité et dans tous leurs détails ; S. Exc. répond par les expressions de sa gratitude : elle se propose de rester à Paris l'espace de deux mois, et elle met au rang de ses plus intéressantes occupations le soin de visiter tout ce qui est si digne à Paris de l'attention et de l'intérêt des étrangers.

» M. de Chabrol ajoute que des fêtes se préparent à l'Hôtel-de-Ville pour la grande solennité dont le terme s'approche, que les premiers personnages de l'État s'y trouveront réunis aux principaux habitans de la capitale, il espère que S. Exc. assistera à ces fêtes ; l'ambassadeur répond qu'il sera très-flatté de voir une si belle réunion, et qu'il aura un grand plaisir à en rapporter les détails dans son pays. »

M. le préfet entretient ici M. l'ambassadeur en arabe ; il lui parle de Tambouctou et des ruines de Carthage.

M. l'ambassadeur ne connaît pas les voyageurs qui ont été à Tambouctou. Quant à Carthage, il sait qu'il existe encore de grandes citernes qui ont appartenu à cette célèbre et antique cité ; mais en général, a-t-il ajouté, *Il n'y a rien des temps passés sur la superficie du sol ; tout est sous la terre.* Cette réponse a produit une sensation prolongée dans l'auditoire.

Après quelques autres interlocutions l'ambassadeur s'est levé et a pris congé de M. le préfet et de MM. du corps municipal, en leur témoignant toute sa gratitude de la flatteuse réception dont il avait été l'objet.

( *Moniteur* du 10 mai. )

# LETTRE VII.

### CHAMBRE DES DÉPUTÉS.

*Séance du 16 mai.*

M. le président occupe le fauteuil à une heure. On remarque dans la tribune du corps diplomatique l'envoyé extraordinaire du bey de Tunis.

M. Dudon trouve que la législation contre la traite est trop sévère, et que les tribunaux répugnent à prononcer des peines trop fortes. Comme on ne pourra pas empêcher les hordes de l'Afrique de se faire la guerre et de faire des prisonniers qu'ils immolent, il vaut beaucoup mieux les acheter. Mais on devrait les traiter convenablement; et, pour cela, il serait utile de revenir aux ordonnances de Louis XIV qui déterminent les alimens et les traitemens qu'on doit aux noirs, etc., etc.

(*Étoile* du 17 mai.)

# LETTRE VIII.

Un premier convoi des animaux de Tunis est arrivé hier après-midi au Jardin des Plantes. Il est composé de deux lions, mâle et femelle, de la plus grande taille; de deux gazelles, et de huit beliers à chanfrein arqué.

L'envoyé de Tunis avait été prévenu qu'une partie de ses présens venait d'arriver. S. Exc. s'est aussitôt rendue au Jardin des Plantes, et elle a visité tous les animaux. Elle a souhaité de voir réunis les deux lions qu'elle avait laissés à Marseille, habitués à vivre ensemble. On a déféré au désir de S. Exc. et les deux animaux ont aussitôt combattu et se sont roulés comme de jeunes chats, sans violence aucune, et surtout sans griffes. On les a surpris par un commandement à haute voix, et le lion a consenti à quitter sa partie et à retourner dans la loge voisine.

(*Journaux* du 22 mai.)

# LETTRE IX.

Le 29 mai, à six heures du soir, cinquante membres du corps diplomatique se sont réunis vêtus de leur grand costume, à l'hôtel du Sacre, où un dîner splendide leur était préparé.

Parmi les personnes assises à ce banquet, on remarquait MM. les barons de Fayel, d'Uchtritz, les comtes de Goltz, de Zastrow, de Lævenhielm, de Scott, le duc de San-Carlos, le comte de Mulinen, et les ministres de Prusse, des villes anséatiques et de Toscane.

L'ambassade complète de Russie s'est réunie en même temps dans un dîner à cet hôtel, mais dans une pièce séparée, et en habit ordinaire. M. l'ambassadeur d'Angleterre n'a assisté à aucune de ces deux réunions.

(*Relation complète du sacre de Charles X*, par M. Darmaing.)

# LETTRE XI.

Sidy-Mahmoud, envoyé extraordinaire du bey de Tunis, a visité aujourd'hui l'imprimerie royale. Il y a été reçu avec tous les honneurs que l'urbanité française, non moins que la politique, se plaît à accorder aux envoyés des peuples étrangers. Il a examiné avec beaucoup d'attention les divers types orientaux qui composent la riche collection de l'imprimerie royale, et avec un étonnement mêlé d'admiration, les divers procédés de la fonte des caractères et du clichage.

Parvenu dans les vastes ateliers de l'imprimerie, M. le maître des requêtes administrateur de cet établissement, a fait remarquer à Sidy-Mahmoud une forme en caractères arabes, qui se trouvait sur une presse. Comme il cherchait à la lire, M. l'administrateur a donné l'ordre d'en tirer une épreuve, et aussitôt il a mis dans ses mains une inscription encadrée de magnifiques ornemens arabesques, en vermillon et or, obtenus par des procédés typographiques particuliers.

Cette inscription portait en style oriental :

« Au nom du Dieu très-haut.

» Sous le règne de Charles X (que
» Dieu prolonge sa vie et sa félicité!),
» l'imprimerie royale ressent une
» grande joie de la visite que lui fait le
» très-noble et très-respectable Sidy-
» Mahmoud, l'envoyé du bey de Tunis
» (que Dieu répande sur lui ses béné-
» dictions abondantes!).

» Sidy-Mahmoud est la source de
» tout bien et la clef de tout bonheur;
» son esprit est avide de connaissances;
» son intelligence est parfaite, et ses
» manières sont pleines de dignité.

» Nous prions le Dieu très-haut de
» permettre que la concorde et l'amitié
» tiennent toujours unis les peuples du
» bey de Tunis et ceux de Charles X.

» Puissent nos vœux être exaucés, dans » l'intérêt des sciences et du commerce !

» Paris, 11 juin du Messie 1825, et de l'Hégire 1240. »

Sidy-Mahmoud a témoigné, à son départ, une vive satisfaction de la réception qui lui avait été faite.

(*Moniteur* du 12 juin.)

Sidy-Mahmoud a visité aujourd'hui la Monnaie royale des médailles ; il a paru examiner cet établissement avec beaucoup d'intérêt. M. le directeur a fait frapper en sa présence plusieurs médailles avec une inscription arabe fournie par M. Destaing, rédacteur de la *Gazette de France*, et un des orientalistes formés par M. de Sacy. Voici cette inscription :

*Face*. — Sidy-Mahmoud envoyé du glorieux bey de Tunis, a honoré aujourd'hui de sa visite l'Hôtel de la Monnaie royale.

*Revers*. — Frappé à Paris, par les soins de M. Puymaurin, directeur de la Monnaie des médailles françaises, le 21 juin 1825 du Messie, qui répond au cinquième jour de Zelkadel an 1240 de l'Hégire.

(*Moniteur* du 22 juin.)

# TABLE

## DES LETTRES.

|  |  | Pag. |
|---|---|---|
| Lettre I<sup>re</sup>. | . . . . . . . . . . . . . . . | 1 |
| Lettre II. | . . . . . . . . . . . . . . | 25 |
| Lettre III. | . . . . . . . . . . . . . | 37 |
| Lettre IV. | . . . . . . . . . . . . . | 55 |
| Lettre V. | . . . . . . . . . . . . . . | 67 |
| Lettre VI. | . . . . . . . . . . . . . | 79 |

Pag.
Lettre VII. . . . . . . . . . . . . . 91
Lettre VIII. . . . . . . . . . . . . 111
Lettre IX. . . . . . . . . . . . . . 121
Lettre X. . . . . . . . . . . . . . 145
Lettre XI. . . . . . . . . . . . . . 169

FIN.

www.ingramcontent.com/pod-product-compliance
Lightning Source LLC
Chambersburg PA
CBHW051920160426
43198CB00012B/1973